成功脳と失敗脳

茂木健一郎
Mogi Kenichiro

SOGO HOREI PUBLISHING CO., LTD

はじめに　成功者たちの脳に隠された、驚くべき真実！

私は普段から各界で活躍している成功者たちに、いろいろなお話を伺う機会に恵まれています。

それはビジネスの世界で成功を収めて一目置かれている人から、結果を出し続けているプロのトップアスリートまで多岐にわたります。

そこで、彼ら成功者たちに、ある意外な共通点を発見することができました。

それは、彼らのような成功者たちは、成功すべくして成功する**「成功脳」を持っている**ということでした。

では、「成功脳」とはどのようなものでしょうか？

詳しくは本書で解説していきますが、簡単にいってしまえば、

「成功体験を積み重ねるのがうまい脳」

ということになります。

仕事でも勉強でも、もっといってしまえば人生でも、成功者になれるかどうかは、実は**ちょっとした脳の使い方で決まる**といっても過言ではないのです。

どんな成功者や一流のトップアスリートでもそうですが、いきなり大きな結果を出すことができたり、世界で通用するわけではありません。

彼らもまた、ときには失敗に直面したり、自分を見失って落ち込むことだってあります。しかし、そのようなときは日々の目標設定を明確に持ちながら、夢や目標に向かってひたむきに努力し続けています。

そのときにどのような考え方をすべきか、どのように行動すれば成功に近づけるかを確実に知っているのです。

それが「成功脳」の持ち主の特徴の一つでもあります。

彼らはたとえ小さな成功体験でも積み重ねていき、やがて「成功脳」を手にしてどんどん大きな成功へとたどり着いているのです。

それと正反対に、失敗を恐れて何もチャレンジできない、うまくいかなければ何かしらの言い訳をしてしまう。そんな経験は誰にでもあるでしょう。

果ては「自分の人生は負けの連続だけど、それなりに生きていける」と、逆に開き直ってしまう人たちさえいます。

そのような人たちは、まさに典型的な**「失敗脳」**の持ち主だといえます。

確かに、負け癖がついていると、周りの慰めに甘えたり、自分で自分を慰める、あるいは言い訳をして一時的な「敗北回避」をしてしまうかもしれません。

ところが、**失敗に対する言い訳というのは、自分が負けている状態を安定化させるための、まるで悪魔の薬なのです。**

この悪魔の薬が自分の中に存在することで、「人生負けていても実は生きていけてしまう」と自分の「失敗脳」を習慣として捉えるようになってしまいます。

ただし、そんな習慣を抱えている方であっても、気を落とす必要などまったくありません。

なぜなら、**日々のちょっとした意識や習慣を変えるだけで、誰もが新しい脳回路を強化することができ、「成功脳」の持ち主になることができる**からです。

そのためには、本書を読み進めていただく前に次のような心の準備をしてください。

それは、**「どんな些細な成功でも、自分を褒めてあげる」**というものです。


ほんの些細なものですが、私自身が今でも覚えている成功体験があります。

それは、小学校のときに、縄跳びの二重回しを200回連続でやれたことでした。

最初はなかなかうまく二重回しができなくて悩んでいました。しかし、決して諦めずに練習して、できるようになったときの喜びは今でも忘れることはありません。

おそらく、縄跳びができたこと自体は、人生を左右するような成功ではないでしょう。

それでもそのとき、喜びや達成感に満ち溢れたときに脳から放出されるドーパミンの放出方法を学んだ気がしています。

たとえ失敗を積み重ねても、それでも諦めないでやっと成功するという体験は、本書のテーマとなる「成功脳」「失敗脳」を考える上では、とても重要なポイントになってきます。

つまり、**成功体験を積み重ねて神経伝達物質であるドーパミンをいかに出せるかが、「成功脳」を持つ大きなきっかけになっていくというわけです。**

「そんなことをいっても、自分にはムリでしょ？」

いいえ、そんなことはありません！

これから本書で説明していく方法で、誰もが例外なくこの「成功脳」を手に入れることができるようになります。

脳というのは、実はすべてパターンで回路が働いています。

すなわち、**成功脳、失敗脳というのは、成功脳のパターン、失敗脳のパターンがあるということです。**

そう考えれば、どういう成功パターンがその人に習慣として身についているかということを知ることが、成功脳を強化するさいに、大事なポイントになってくることになります。

ここで、成功脳と失敗脳のチェックリストを用意してみました。

以下の設問に○×で答えてみてください。

□ 人の意見をよく参考にしている
□ 作業中は楽しく、終了後にその出来に対して不満が生じる
□ 「いつまでに仕上げる」と時間を決めて作業をしている
□ 作業に没頭することがよくある
□ 同じ失敗は繰り返さない
□ 「自分はまだまだ」だと思っている
□ 自分を追い込むタイプだ
□ やるべきこと（ＴｏＤｏリスト）は、頭の中で管理している
□ 日常の中で運動を習慣にしている
□ 何事も、すぐとりかかるほうだ
□ 自分自身のことをよく褒めている

いかがでしたでしょうか？

ここで種明かしをすると、以上11個すべての設問は、成功脳の持ち主の特徴を表しています。

ですので、もし○が6個以上ついた人は成功脳パターンが強く、反対に、○が5個以下の人は失敗脳パターンが強いということになります。

これをもとに、自分の特徴を踏まえて本書を読み進め、自分の失敗脳のパターンを断ち切り、成功脳パターンへ切り替えていくようにチャレンジしてみてください。

「仕事も人生も、脳の使い方一つで成功できる！」

そんな心意気で、本書を読み進めていただければ、筆者としてこれほどうれしいことはありません。

茂木健一郎

もくじ

第1章
成功か失敗かは、脳が決めている！

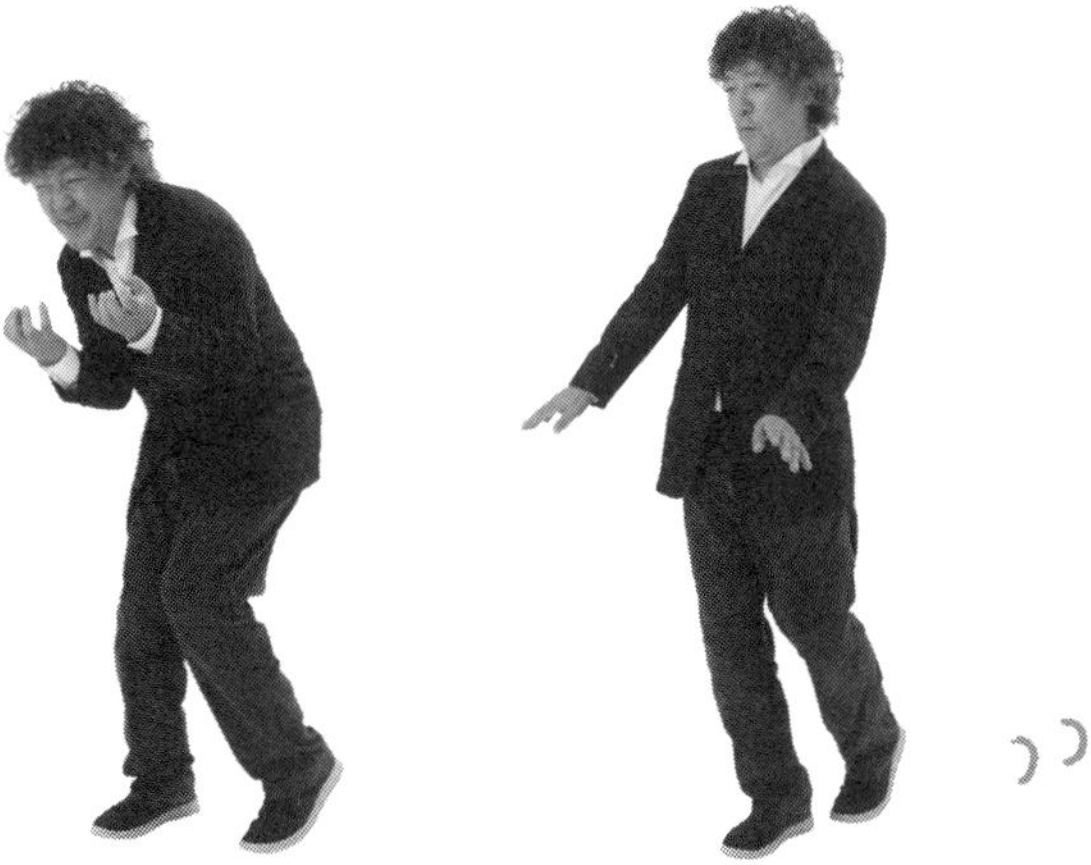

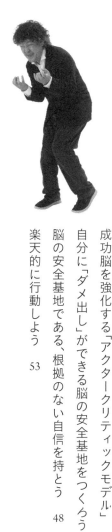

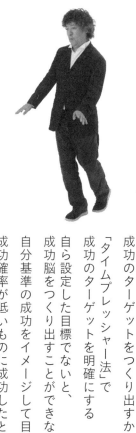

第2章 成功のルールと報酬は自分で設定しよう

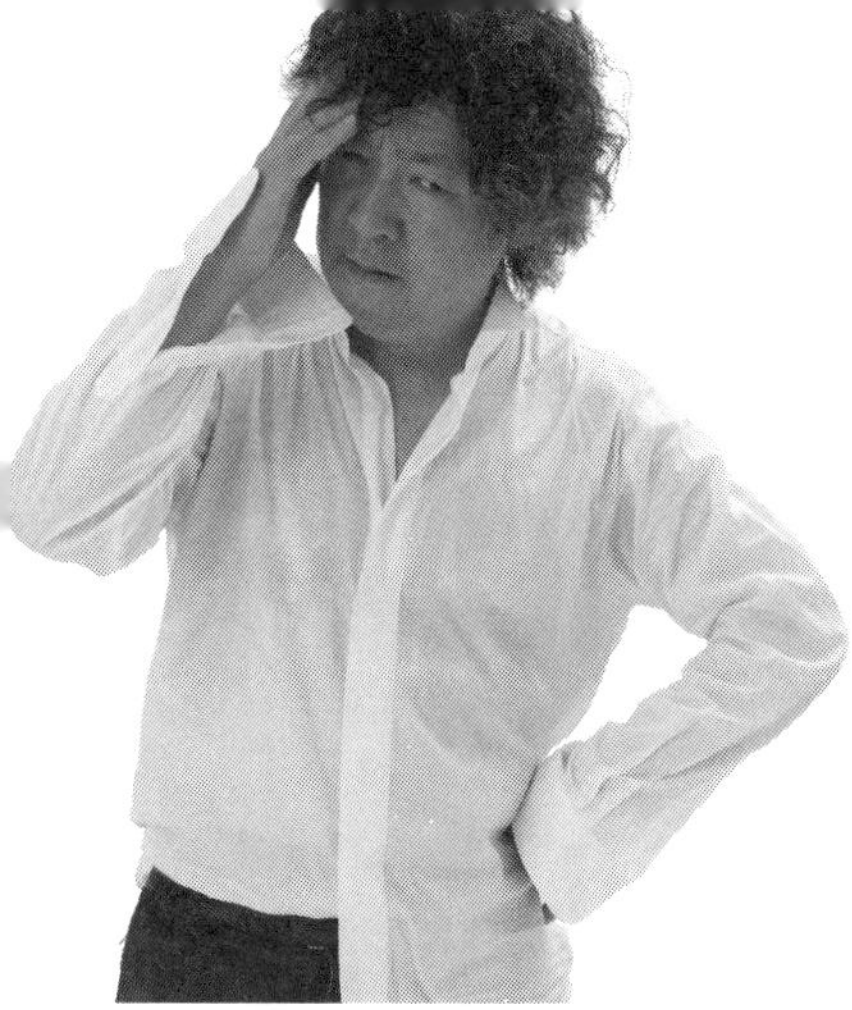

第3章 フローは、成功脳へ導く最強の武器

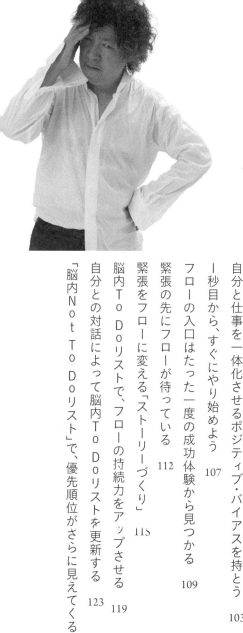

第4章 すべては、自分をありのまま見ることから始まる

第5章 成功脳をつくる習慣を身につけよう

編集協力　神原博之（K.EDIT）
写真撮影　工藤ケイイチ
校正　株式会社ゼロメガ
ブックデザイン・イラスト　土屋和泉

第1章

成功か失敗かは、脳が決めている！

脳ははっきり成功と失敗を区別している！

「成功、失敗だけが人生じゃない！」

そんなことを、ついつい口にしてしまう人がいるかもしれません。

しかし、実際に**人間の脳は、成功と失敗をはっきり区別しています。**

最も重要な報酬物質（ワクワクした喜びの感情を起こすもの）ともいわれるドーパミンが放出される中脳から前頭葉に向かっている回路は、成功したときには強化され、失敗したときには戦略を立て直しています。このように、成功か失敗かで、はっきりとした反応の差が出るのです。

確かに、「成功、失敗だけが人生じゃない」というのは事実でしょう。

だからといって、成功と失敗には意味がないのかというと、それも違います。なぜなら、そもそも脳自体が成功と失敗を区別していることは明らかな事実だからです。

では、仕事や人生において、何が成功で何が失敗なのでしょうか。

脳科学の知見からいえば、脳が成功と失敗を認識するというのは、実はとてもクリエイティブなことなのです。

ここで、一般的な「成功」という概念を挙げてみましょう。

- **仕事で結果を出して出世する**
- **お金が儲かって裕福になる**
- **恋人や家族ができる**

確かに、これらは人生の成功といえるかもしれません。

ですが、**脳は、自らの成功の設定を創造的に行い、そこに向かって前向きに努力するということこそが、成功と捉えているのです。**

では、**「一般的な成功」と「脳がもたらす創造的な成功」**の違いとは何でしょうか。

例えば、ある会社が接待ゴルフをしていたとします。

このとき、ゴルフというゲームそのもので、いいスコアを出して取引先相手に勝つというのは、ゲーム上の成功といえ、ある意味**「一般的な成功」**であるといえるでしょう。

ところが、取引先との接待で相手を負かしてしまえば、人間関係においては失敗とも捉えることができます。

大事な取引先との接待ゴルフでは、ビジネスでの交渉事をうまく運ばせるために、**気づかれないように上手に負ける**ことも、契約をしてもらえるチャンスを得ることになるかもしれないので、成功と捉えることもできるわけです。

そう考えれば、「ゴルフで負ける」というのは失敗かもしれませんが、ビジネスでは成功ということになります。

さらにいえば、そもそも一緒に何かをするということ自体が「数多くの取引先の中で、自分を選んでゴルフをしてくれている」ということになり、人間関係における成功と考えることもできます。

このように、単にゴルフの勝ち負けとは関係なく、ゴルフを一緒にやってもらうだけで

「成功」であると、脳が判断するということです。

これこそが、**「脳がもたらす創造的な成功」**であるといえるのではないでしょうか。

脳はいつも成功と失敗を気にしていて、しかもその**成功と失敗の基準は脳自体がクリエイティブに決めている**ということです。

いかに自分自身で成功のターゲットをつくり出すか

成功と失敗の基準は脳が決めている――。

そう理論づけるのであれば、成功脳と失敗脳というのは分離しているのではなく、**自分で何を成功と思うか、何を失敗と思うかという、その人自身の価値観と非常に深く結びついている**ということになります。

ですから私自身、成功も失敗も一つの幻想であるとさえ思っていて、この基準をいかに明確に持つことができるかが、成功脳の持ち主になるための重要なポイントになってきます。

例えば、コンピューターゲームは、子どものみならず、大人も夢中になってしまうことがあると思うのですが、ハイスコアを出したり、最後にボスキャラをやっつけてクリアしたときというのは、ものすごい達成感があることでしょう。

しかし、冷静に考えてみると、単にコンピューター上でデータがやり取りされているだけで、人生という長い尺度では決して成功でも失敗でもありません。

しかし、脳はそれを成功だと判断します。

さらにもう一つ例を挙げるならば、入試に合格する、あるいは不合格になってしまうということもそうです。

それだけで「人生大成功」、あるいは「人生大失敗」といえるでしょうか？　果たして、成功脳・失敗脳の持ち主だといい切れるでしょうか？

確かに、ある一定の基準で点数をつけることで合格と不合格があり、それに基づいて成功や失敗が決められています。

しかし、**成功脳の本質とは、世間一般的な評価とは関係ない**というのが私の意見です。**成功脳とは、自分自身の中で「無」の状態から「有」という体験をクリエイティブにつくり出していくことができる脳**だということを覚えておいてください。

自ら成功のターゲットをつくり出すことによって、成功脳がどんどん活性化していくのです。

たとえどんなに小さなターゲットであっても、それに向かって努力するということを繰り返していれば、独自の成功体験をつくり出すクリエイティブさが発揮されていき、いつの間にかあなたの中から（本当は望んでいない）世間一般的な成功を手にしようという気持ちが消え去っていくはずです。

「タイムプレッシャー法」で成功のターゲットを明確にする

私は、勉強が得意で成績が良かったのですが、それは、成功のターゲットを自分で勝手につくり出していたからです。

例えば、「タイムプレッシャー法」というものがあります。

これは、制限時間30分と書かれているドリルをやるとき、「じゃあ10分でやってみよう」と自らの脳に負荷をかけるといったものです。

私は、小学校で教科書をもらってきたら、その日のうちに全部読んでしまうようにしていました。

また読書にしても、「今日は頑張って5冊読もう」といったように決めて取り組んでいました。

このように、誰にいわれるわけでもなく、自分自身でタイムプレッシャー法を用いて「これをやる！」という成功のターゲットをつくっていました。

これは勉強だけでなく、仕事にも応用できることです。

とにかく短い時間で仕事をやる癖づけをするのです。

自分自身に適度なプレッシャーをかけ続けていれば、人間の脳というのは自然にアクティビティを上げるようにできているのです。

例えば、こまめに時間を区切って、10分でやれる仕事を「8分で終わらせる！」といった具合に進めれば、やるべきことが明確になるだけでなく、結果として能率も上がっていくはずです。

タイムプレッシャー法を自分自身の中にうまく取り入れることができるようになってくれば、**集中力が増し、脳の成長に欠かせない成功体験や報酬を調整することができるようになります。**

なぜなら、このタイムプレッシャー法を通して脳内報酬物質であるドーパミンが放出され、行動の回路が強化されていくからです。

また、自分が向き合っている仕事の効率化や、課題の難易度をよりよい形に調整することができるのがタイムプレッシャー法の魅力でもあります。

もちろん、制限時間内に終わらなかった場合においては、時間の延長をしてもかまいません。

逆に早く終わってしまった場合には、さらに自分をレベルアップさせるためのタイムプレッシャーをかけていきましょう。

ここでの大事なポイントは、**クオリティは下げないということです。**

これは決して難しいことではありません。脳の働きとしては、ただ時間をかければクオリティが上がるわけではないということを覚えておいてください。

このタイムプレッシャー法を一度身につけてしまえば、クオリティを保ちながら仕事をすることができるようになるので、成功脳を手に入れる大きな武器になることは間違いありません。

また、タイムプレッシャー法に慣れてくることで、成功ターゲットも明確化されます。そして次第に制限時間を設けなくても取り組めるようになります。

実際に、成功しているビジネスパーソンというのは、このタイムプレッシャー法を用いて、仕事において、短い時間でありながら、同時に最高のパフォーマンスを発揮しているものです。

自ら設定した目標でないと、成功脳をつくり出すことができない

仕事や勉強で伸び悩んでいる人をじっくり観察していると、あることに気づきます。

それは、**自分で成功のターゲットをつくって、それに向かって努力するという基本的なサイクルがまわせていない人が多い**ということです。

これこそが失敗脳の根源だといってもいいでしょう。

さらにいえば、**最大の失敗脳とは、そもそも自分で目標をクリエイティブにつくれない脳**だということです。

ビジネスにおける基本サイクルの一つとして、「ＰＤＣＡ（Plan〈計画〉→Do〈実行〉→Check〈評価〉→Act〈改善〉）サイクル」を思い浮かべる人がいるかもしれません。

ですが、ＰＤＣＡ以前に、まずは成功のターゲットを定めるということをないがしろにしてはいけません。

ターゲットに向かって努力する。そしてその先に、自分なりの成功、失敗という判定があります。

もし成功すれば、脳が喜んでドーパミンを出して、成功脳がより活性化していきます。

万が一失敗してしまったら、新たな戦略を立ててもう一度やり直してみればいいのです。

そこで何度目かに成功に到達できれば、成功脳を手に入れたも同然なのです。

つまり、成功脳を活性化させる秘訣というのは、**成功のターゲットを「設定→努力→判定」というサイクルでまわしていく**ということになります。

ときには成功して、ときには失敗するという形で動ける人は、その時点で、もうすでに成功脳のサイクルに入っています。

成功脳を持っている人というのは、やはりビジネスにおいて貴重な存在となり得ます。その好例として挙げたいのがソフトバンクの孫正義《そんまさよし》さんです。

孫さんが、ソフトバンクの創業時に熱く語った次のような言葉があります。

「豆腐屋みたいな会社になりたい」

これは、豆腐を1丁、2丁と数えることにたとえ、売上を1兆、2兆と数えられるような会社になりたいという思いから発せられた言葉です。

一見ジョークのように聞こえるこの目標設定ですが、本気でそこに行こうと思った瞬間に、孫さんはある意味では成功脳になっています。

そのようなリーダーがいる会社というのは、当然ながら社員たちもインスパイアされていき、正しく思考し、根気よく行動することができるようになっていくものです。

多くの人は、親や教師、あるいは上司といった〝世間〟から与えられた成功と失敗の基準で生きています。

ですが、ここで重要なのは、**誰かに命令されたり押しつけられた目標設定では、成功脳をつくり出すことができない**ということです。

なぜなら、誰かが決めた目標を達成したときよりも、自ら成功のターゲットをつくり、やり遂げたときにこそドーパミンがより多く分泌し、成功脳が活性化するからです。

つまり、いくら結果が同じであっても、自分で設定した目標と、他人が設定した目標とでは、それを達成したときの**脳の喜び方がまったく違ってくる**のです。

やはり、脳は自分が設定した目標を達成できるとものすごくうれしいわけです。

なぜなら、自分が欲しいものだからです。

それは、食べ物で考えるとわかりやすいかもしれません。自分が食べたいものを食べられたらうれしいと感じる。しかし、食べたくないものを押しつけられて無理に食べろといわれても喜べません。

それと同じように、親が設定した勉強の目標や上司が設定した仕事の目標を達成したとしましょう。

確かに、親や上司を満足させることはできるかもしれませんし、親や上司から褒められるという喜びもあるかもしれません。

しかし、自分が目標としていることを達成できた喜びに比べれば、喜びの度合がぐんと落ちてしまいます。それが脳の特徴の一つでもあるのです。

やはり、目標設定は自分でやらないといけません。それが成功脳を活性化させる唯一の方法だからです。

自分基準の成功をイメージして目標設定しよう

お笑い芸人の又吉直樹《またよしなおき》さんが、小説『火花』で芥川賞を受賞しました。

これがものすごい快挙だということは、もはや疑いの余地はないでしょう。

ただ、そういった賞にしても、もともと何か実体があるわけではなく、同じ人間がそういった賞をつくり、それをもらうことが成功とみなされているわけで、芥川賞を取れるかどうかというのは、世間の成功であり、先にお話しした**「一般的な成功」**としての評価に過ぎません。

成功脳を手に入れるには、自分の中で大きくも小さくも目標設定をするべきです。そういった意志を持ち、自分の背中を押してあげることが大切です。

例えば、作家として、たとえ芥川賞を受賞できなくても、自分が書きたい小説を書く。そして読者に喜んでもらう。それだって自分にとっては大きな成功であるということを知ってほしいと思います。

成功は一つの価値観では決して決まらないということです。

「頑張っていても報われない」

こんなセリフを耳にすることがあります。

そんなことをいってしまう大きな理由として、**世間的な成功基準と自分の成功基準がシ**

ンクロしていないということが挙げられます。

大抵の場合、世間的な成功基準が物差しになってしまっているため、「報われない」と思ってしまうのです。

そこで、あなたの物差しを、世間的な成功基準から自分自身の成功基準へと変えるために、**1日の中に10個、あるいは20個の、あなたが設定した目標の小さな成功体験を積み重ねる**ということをしてみてください。

それは、ごく小さな目標でも構いません。そのようなことが、やがて成功脳をどんどん進化させていくからです。

アメリカの子ども教育の現場では、ほんのちょっとしたことで子どもを褒める習慣が根付いています。

「今週は掃除がしっかりできた」

「今週は友達と仲良くできた」

このように、日常の些細なことであっても、先生が子どもたちに対して成功の基準をすごく豊かに定めているので､子どもが毎日の成功体験から伸び伸びと育っているのです。私はその様子を見て「さすがだな」と感心してしまいました。

やはり、日本のように一学期に一度しかない通知表のスコアだけを見て成功や失敗を決めつけてしまうのは、あまりにも粗すぎると思います。

1日のうちに10や20の成功や失敗の分かれ道をつくってみるときに大事なのは､「失敗してもいい」という勇気を持つことです。

脳はそれだけでどんどん成長していくからです。

脳というのは非常に面白いもので、実は**「失敗の貯金」があればあるほど成功したときのドーパミンの放出量が多い**といわれています。

これは、仕事や勉強で苦労した分だけ、喜びや達成感があるのと同じことです。

つまり、成功ばかりしていてもいけないということです。

成功確率が低いものに成功したときに、脳は、最も喜びを感じる

「良薬は口に苦し」

ということわざもありますが、一度失敗という苦い薬を飲んだあとに、成功という甘い蜜を吸えばより甘みを感じることができるものです。これは、脳科学的な知見からも立証できます。

なぜなら、脳は一度失敗したことを覚えているので、「この成功は価値があるものだ」と理解できるからです。

では、一度の失敗よりも二度や三度失敗したほうが脳にとっていいのでしょうか。

失敗を重ねていけばいくほど、成功したときに脳はドーパミンをより多く放出します。

脳は、成功確率が低いものに成功したときに、最も喜びを感じる性質があるということ

です。

例えば、勉強にしても、難しい問題を解いたときほど喜びが大きいですし、仕事でも誰もが失敗して挫折してしまうようなことを成し遂げた瞬間は、その達成感もひとしおではないでしょうか。

これは、スポーツの世界でも同じことがいえます。勝てないと思っていた相手に勝つことができたとき、あるいは自己新記録を打ち出したときほど感動も大きいわけです。

そのようなときに成功脳の回路は強化されていきます。

つまり、成功や勝利の確率が高いもので成功しても、脳はそれほどの喜びを感じないということです。

逆をいえば、**千に一つ、万に一つもないような成功を得たときが、脳が最も成長している瞬間であるといえます。**

そう考えることができれば、成功脳を手に入れる準備は整ったといっても過言ではありません。

たとえ何度失敗しても、次のトライアルの成功確率が低くてもいいのです。

なぜなら、**失敗の蓄積、失敗の貯金があればあるほど、次のチャレンジで成功することで脳の栄養ともいえる良質のドーパミンが出るからです。**

そして、成功脳の回路も強化されていくのです。

ただし、ここで付け加えなくてはいけない重要なアドバイスがあります。

それは、**同じ失敗を何度も繰り返してはいけない**ということです。

もはやいうまでもありませんが、何度も同じ失敗を繰り返していると、成功へ到達することはできません。

そこには必ず失敗の原因があるはずです。

そこで、先に述べた成功のターゲットを定める「設定↓努力↓判定」というサイクルを一つの指針として活用してみてください。

もし、失敗を繰り返してしまうようであれば、次のような手順で自問自答してみてください。

1　目標の設定があいまいではないか？
2　努力の仕方が間違っていないか？
3　正しく自己判定できているか？

これら三つのことを今一度確認することで、これまで見えなかった課題や問題点が浮き彫りになってくることがあります。

これは私自身が実践していることでもあります。

私は、フルマラソンを三度も失敗してしまった経験があります。

初めてフルマラソンに挑戦したのは、10年ほど前の「つくばマラソン」でした。それなりにトレーニングを積んで挑んだわけですが、30キロを過ぎたあたりで急に足が動かなくなってしまい、そのまま棄権しました。

「必ずリベンジするぞ」

そんな意気込みで臨んだ2回目も、そして3回目も残念ながらまったく同じ失敗を繰り返してしまったのです。

棄権して救護バスに乗りこんだときの悔しさは、今でも忘れられません。

それから10年近くマラソンは無理だと思って諦めていたとき、ある１冊の本に出逢いました。それは、マラソンの名コーチである小出義雄《こいでよしお》さんの本でした。

それを読んで、前半を抑え気味に行かないと30キロから先は走れないという理論を学びました。

その教えをしっかりと肝に銘じて、成功のターゲットを定める「設定↓努力↓判定」を変えて臨んだのが、今年の東京マラソンでした。

とにかく、30キロまでは自分でもイライラするくらいゆっくり走っていく。すると、毎回足が止まっていた30キロ以降もまだ余力があり、最後はトップスピードでゴールすることができました。

確かに足は痛かったのですが、意外と余裕で42・195キロを走り切ることができたのです。

成功脳を強化する「アクタークリティックモデル」

成功脳を強化していくための重要なモデルがあります。

これは、脳科学の世界で**最も重要な「脳の強化学習モデル」**ともいわれています。

それは、**「アクタークリティックモデル」**というものです。

アクターとは、「行為者」という意味があり、クリティックとは「批判者」という意味があります。

つまり、**自分の中に行為者と批判者という、二つの役割を持って思考や行動をする**ということです。

私でいえば、脳科学を研究する、あるいは本の原稿を執筆するといった行為者としての茂木健一郎が存在しています。

そして、その行為に対して、冷静に自分を批判する茂木健一郎がいるということになります。**正確にいえば、批判というよりも評価するといったほうが正しいかもしれません。**

では、なぜこのアクタークリティックモデルが成功脳を強化できるのでしょうか。

それは、**自分の思考や行動に対して、しっかりと「ダメ出し」ができるようになる**からです。

人間というのは、どうしても自分に甘い評価をしてしまうことがあります。

ですが、**自分にダメ出しができる人こそが、結局のところ失敗を成功に導くことができる**というのが私の意見です。

自分に対してダメ出しするということは、一時的には自分を否定するので勇気のいることなのですが、「じゃあ今度はやり方を変えてみよう」ということになる、一つのきっかけになるものです。

例えば、先に述べた私のフルマラソンにしても、失敗した3回は「フルマラソンを走る」

という行為者こそいましたが、それを冷静に評価する評価者がいませんでした。

それが同じ失敗を繰り返してしまった原因になっていました。

そこで、新しい戦略として「小出理論」を学び、しっかりと評価をした上で改めてマラソンに挑戦したことによって、フルマラソンを完走するという成功に到達したわけです。


また、私は先日ついに『東京藝大物語』という小説を出版することができました。

長年温めていた構想が1冊の本として仕上がったことは、とても感慨深いことなのですが、これもまたアクタークリティックモデルがあてはまる事例です。

まず、「小説を書く」という行為があります。

実は、この本で紹介しているエピソードは、私が書きたかったことの半分程度しか盛り込むことができませんでした。

なぜなら、そこに一つの評価基準を設けていたからです。

確かに、面白いエピソードというのは書き手としてはすべて書いてみたいという衝動にかられます。

アクタークリティックモデル

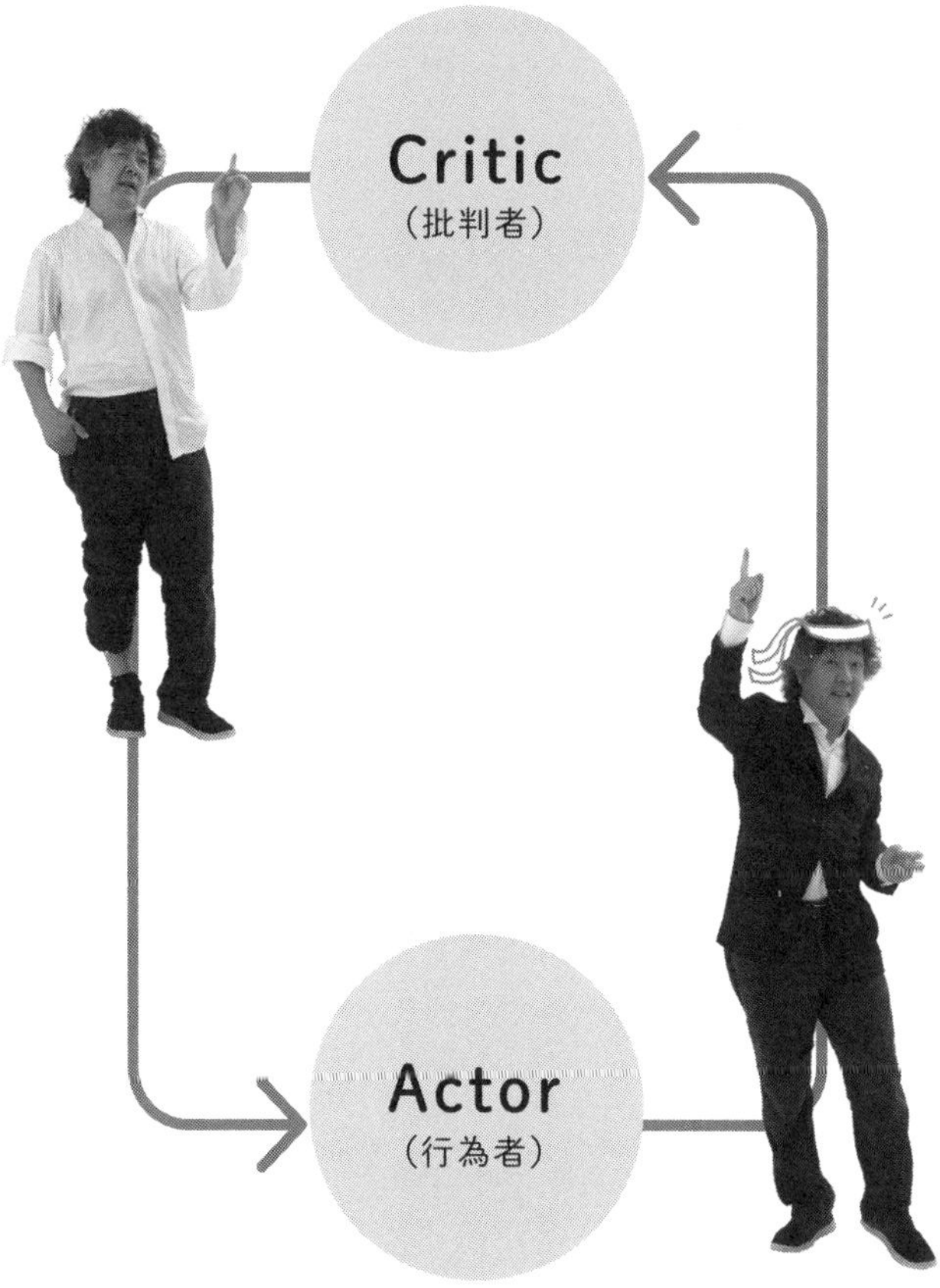

ですが、そうなれば小説としてのバランスが悪くなってしまいます。

そこで、心を鬼にして、自分の評価基準をもとに約半分のエピソードの削り込みを行いました。


このような行為者と評価者を自分の中で併せ持つというのは、難しいことであるといえます。


なぜなら、**行為する人というのは、なかなか冷静に評価ができないからです。**

映画監督のような仕事においても、このアクタークリティックモデルがあるかないかで作品のクオリティが左右される場合があります。

というのも、映画をつくる人は、意外とその批判的な鋭さがない人も多いからです。

「とにかく、自分のつくりたい映画を撮りたい」

そんな意気込みとエネルギーがある〝行為者〟だけで映画をつくってしまうのは、非常にリスクが高いといえます。

その一方で、映画評論家というのは作品のことを冷静にかつ客観的に評価することができますが、実際に映画をつくることはできません。

つまり、映画を撮ることができる人間、映画を評論できる人間が同一の人間であるとき、そのクオリティは非常に高まり、歴史に残るような素晴らしい映画が誕生する可能性が高まるということです。

自分に「ダメ出し」ができる脳の安全基地をつくろう

自分の評価は厳しいくらいがちょうどいい――。

これが私の持論です。

やはり、自分に対して少し厳しいくらいが評価として適切だといえ、その積み重ねが成功の階段を上る糧になっていくからです。

そこで難しいのが、**脳の「安全基地」**がないために、**「自分にダメ出しをする」**ことを極

度に恐れてしまうことがあるということです。

脳の安全基地というのは、脳科学上の考え方で、それがあるから（安全な場所があるから）「安心して自分にダメ出しができる」あるいは「新しいことにチャレンジできる」というものです。

この脳の安全基地というのは、親の育て方や周りの人との人間関係などが、その形成に非常に大きく関係しているといわれています。

子どもの頃から親に認めてもらえず、「おまえはダメだ」「おまえは何もできない」といわれて育ってきた人は、自分の中に**「根拠のない自信」という安全基地**がないため、失敗してしまったときに、それが直視できなくなってしまいます。

そして、「できれば不確実性から逃れたい」「安全な所に逃げたい」と考えてしまったり、ついつい自分を甘やかしてしまったり、他人からの批判に耳を傾けることができなくなったりします。

そこで、自分にダメ出しができないという不安を抱えている人は、今一度、自分はどんな安全基地を持っているのか見直してみるといいかもしれません。

私たちにとっての安全基地とは、親からの承認以外にも、人生の中で培ってきた**「経験、価値観、人脈」**といったものからもたらされる「自信」からも形成されるものだからです。

そして、その自信と不安とのバランスをうまく取ることができるようになることが大きなポイントになります。すなわち**「確実なものと不確実なものをうまく受け入れるバランスを保つ」**ことが大切になってくるということです。

それができるようになれば、自分の評価も厳しくできるようになったり、不確実性に適応することができるようになったりするものです。

やはり人間というのは、自尊心を持たないと成長できません。

ここでいう**自尊心の本質というのは、「自分にダメ出しができる」というプライドを持つことなのです。**

これは、イチロー選手でも宮崎駿《みやざきはやお》監督でも、世界で成功している人はみんな持っているものです。

脳の安全基地である、根拠のない自信を持とう

確かに、失敗するというのはつらい経験です。

しかし、「失敗は成功の準備」だと思えば、設定した目標に向けた努力を継続できるのではないでしょうか。

このような考え方を持つためには、ちょっとした脳の切り替えが必要です。そして何度失敗しても、諦めなければ成功する確率がだんだん上がっていきます。

これは何も、慰めでいっているわけではありません。

実は、失敗を何度かしてしまったあとに成功するという体験をパターンとして脳に刻みつけている人は強いといえます。

意外と知られていない学習理論として、最近では**「失敗をさせない学習環境はよくない」**

ということがいわれています。

これがどういうことかといえば、**失敗を想定しない中では、本当に大事なことを学ぶことができない**ということです。

失敗を想定していない状況でのシミュレーションをいくら学習しても、いざそのような危機的状況になったときに、何もできないどころか、ときには状況を悪化させてしまう行動を起こしてしまうことも少なくないのです。

あえてたとえるならば、スイカに塩をかけるとさらに甘くなるのと同じように、失敗という塩を成功というスイカにかけるとさらに甘くなるということを知っている人は、「前にもこういうパターンがあったよな」と脳が成功への準備態勢に入ることができるようになっていくというものです。

すると、次第にスキルが上がってきて経験値も高まります。

「今はつらくて苦しいけど、ここを乗り切って成功したらすごくうれしいじゃん」

ということが考えられる人になれるはずです。

そういう経験をしたことがない人というのは、「あー、もう人生終わりだ」と思ってしまったり、自分を否定してしまったりします。

成功脳の魅力の一つに、**「たとえ成功の確率が低い場合でも挑戦できる」**というものがあります。

成功の確率が低いものほど達成したことの喜びは大きいということを先に述べましたが、これがわかっている人こそ、最も成功しやすいということがいえます。

やはり、あまりに失敗を恐れ過ぎてしまうと、失敗を積み重ねた後の成功の喜びも得られないということがあります。

成功体験は脳の報酬系が働いて、「うれしい」といった達成感を得られるのは間違いありませんが、**脳の強化学習の機会を与えてくれるのは、むしろ失敗のほうなのです。なぜなら、失敗をすることでいろいろと工夫して違うことを考えるからです。**

ということは、失敗をしない人というのは学習機会を失っているということでもあるわけです。

成功確率が低いものに対して果敢に挑戦できないのは、脳がセーブしてしまっているからということがあります。

失敗した後に、失敗というトンネルの向こうに成功という明るい光が見えることを体験していない人は、だんだん失敗すること自体を避けるようになっていき、挑戦しない人になっていってしまいます。

しかし、安心してください！　それは大人になっても修正が可能だという事実があります。なぜなら脳の回路には「可塑性《かそせい》」というものがあるからです。

脳の可塑性とは、人のあらゆる活動や経験に応じて脳が変化することができるという基本性質のことです。

すなわち、**脳は一生を通じて、いつでも大きく改変できるということが脳科学では解明されているのです。**

このように、人間の脳の最も素晴らしい性質の一つは、「変わる」ことができるということです。

脳の「可塑性」というポテンシャルを、ぎりぎりの限界まで駆使して、自分を形成する。そんな意志を持ち、実践できる人が成功を手にするというわけです。

そこで、ぜひとも、前項でもお話しした**「根拠のない自信」というものを持ってみてください。**

これは、幼少期には誰でも持っていたものです。しかし、そこから大人になるにつれて失ってしまっているのです。

何かで失敗してしまったときに、それがトラウマとなってしまい、新しいことに挑戦しようというときに脳が抑制をかけてしまっています。

ですので、たとえ小さなことでもいいので、根拠のない自信を持ち（先にお話しした、「自分が持っている安全基地」を再確認するのもいいかもしれません）、そしてそれを裏付ける努力をしてみてください。

なぜなら、行動と評価を通してしか、脳の可塑性は発現していかないからです。

楽天的に行動しよう

皆さんは、「ビュリダンのロバ」という話をご存じでしょうか。

これは、中世後期を代表するフランスの哲学者であったジャン・ビュリダンが説いた、心理学の分野における意思決定論のたとえ話の一つです。

お腹を空かせたロバが、左右2方向に道が分かれた辻に立っていて、双方の道の先のまったく同じ距離のところに同じ量の干草が置かれていた場合に、ロバはどちらの道も進まずに餓死してしまうというものです。

これと同じように、自分がどちらの道を選択すればいいのか迷ってしまう、あるいは急に目標がコロコロ変わってしまう、そのような飽きっぽい人がいるのも事実でしょう。

ですが、目標達成という視点からいえば、これでは何も達成することはできません。

ビュリダンのロバにならないためには、まずは**状況判断力を磨いていく**、これに尽きるのではないでしょうか。

そこで、自分の状況、状態が何を意味するかを認識する必要があります。

では、状況判断力を磨くためにはどうすればいいのでしょうか。

脳科学的な観点から提案するのであれば、**「自分を映し出す鏡を手に入れよう」**ということです。

どうしても飽きっぽく、コロコロと目標が変わる人は、一度自分のそういった姿を心の鏡で見てほしいと思います（自分を客観的に見る方法は、第4章で詳しく解説いたします）。

さらにいえば、目標が定まらずに発言をコロコロ変える人というのは、結局誰からも信用されなくなってしまうだけでなく、自分で自分を信用できなくなってしまうという落とし穴すら潜んでいます。

「これが自分の目標だ」といっている自分自身を信用できていないというのは、ある意味致命的でしょう。

それは、先に述べたアクタークリティックモデルでいえば、アクターの部分が欠如してしまっていることになります。

何かの目標に向かって歩き始めているのに、クリティックが「待てよ、その目標はそんなのでいいのか？　こっちのほうがいいんじゃないか？」とダメ出ししているというわけです。

厳密にいえば、この**アクタークリティックモデルの実践においては、アクターとクリティックの比率頻度が重要になってきます。**

このモデルにおいてクリティックは時々顔を出すくらいがちょうどいいといえます。ところが、アクターは粘り強くずっと行っていく必要があります。

基本スタンスとしては、アクターでいく。クリティックというのは時々降りてくる。それがこのモデルの最適バランスだということです。

ではここで、一つ事例を紹介しておきましょう。

最近、あるツイートを見つけました。それは、アメリカの芸術大学で教授が学生の作品の質とその学生の人格の関係を調べたというものです。

そこでとても興味深いことがわかったそうです。

いい作品をつくる学生というのは、作品をつくっているときに幸せを感じます。ところが作品が完成すると、その作品について、いろいろと不満足なことが浮き彫りになってきて、幸せ度が落ちるそうです。

その一方で、出来の悪い作品をつくる人は、作品をつくっているときは、あまり幸せを感じず、集中力もない。

ところが作品をつくり終わると「いい作品ができた！」と自己満足してしまうそうです。

これをアクタークリティックモデルに当てはめてみると、いい作品をつくっているとき（アクターのとき）は、フロー状態で集中しているので幸せを感じるわけですが、出来の悪い作品をつくっているときは、集中していないので幸せを感じることができないということになります。

次に、作品ができた後というのは評価（クリティック）の出番ですが、いい作品をつくることができる人というのは、すなわちいい仕事の仕方を知っているので、自分の作品も客観的に見ることができるのですが、出来の悪い作品をつくった人は、ただ単に作品を仕上げたことに満足して冷静かつ客観的な評価ができなくなってしまうのです。

この事例から学べることは、**アクターはあくまでも楽天的でいい**ということです。

行為をしているときは評価を考えずに、目の前のことに集中しなければいけないからです。

ただ、その行為が終わった後に、プラスとマイナスの両極で冷静にダメ出しができる自分がいると、そこに改善点が見えてきます。

このバランスが非常に大事だということです。

第2章

成功のルールと報酬は自分で設定しよう

「人を夢中にさせる仕組み」ゲーミフィケーション

皆さんは「ゲーミフィケーション」という言葉をご存じでしょうか？

これは、**ゲームの持つ「楽しさ」や「人を夢中にさせる仕組み」を仕事や勉強に取り入れようという考え方**です。

実際に、アメリカでは何事も「ゲーム化」することで行動の変化が引き起こせるという研究結果も出ています。

このゲーミフィケーションも、脳が報酬を得ることができて集中力が増すので、成功脳をうまく活性化させるための手法として有効です。

私自身、すでに子どもの頃から、勉強にしても遊びにしてもゲーム化して夢中で楽しむという知恵を自然と身につけていました。

私が小学生のときにやっていたのが、読んだ本をグラフにすることでした。

このように、視覚化するというのは非常に重要な要素であって、「今年になって何冊の本を読むことに成功した」というのがグラフになっているというのは、やはり脳にとっての大きな励みになります。

また、マラソンにしても「連続何日走ることができたか」という記録をつけるのが好きでした。

子どもながらにそういったゲーミフィケーションをしていたことが、大人になった今でも役に立っていることは、いうまでもありません。

このゲーミフィケーションにおいて欠かせない要素というのは、**「目標設定をして計測する」**ということです。

私の場合でいえば、原稿を執筆するときに「何時までに終わらせたら成功！」としたり、「今日は英文を1000字書けなかったら失敗」としたりしながら、ゲーム感覚で取り組むことでゲーミフィケーションの効果を得られています。

そして、このゲーミフィケーションを楽しむためには、まず成功と失敗を自分で定義するということが大事なポイントになってきます。

そうでなければ、そもそもゲーミフィケーションが成立しないからです。

成功と失敗の分岐を自分でしっかり定義して、自分で自分の報酬構造を決めるというのが、ゲーミフィケーションにおける極めて重要なテクニックになるということです。

そのように成功と失敗の分岐を自分でしっかり定義する、すなわち自分でゴールを決めて、達成したときの満足感を得ることで、毎日の仕事や勉強における成長のスピードも大幅に変わってくるはずです。


実際に、遊び感覚を持っている成功者というのは、脳のやる気も維持しやすくなるという特徴があります。

実は、このゲーミフィケーションには脳をやる気にさせるという側面もあるのです。真面目な動機を持っていないとしても、そういうゲーム的な観点から自律的な行動につながっていきます。

というのも、脳の報酬物質であるドーパミンが働くには、抽象的な報酬で十分だといわれているからです。

ですから、仕事でも勉強でも抽象的な報酬でいいのです。ちょっとうれしいくらいの成功体験でも脳は十分満足するのです。

抽象的な報酬というのは、自分でいくらでもつくり出せるはずです。

そしてもう一つ、ゲーミフィケーションをうまく取り入れるためには、**自分でゲーム自体を区切る**ことが大事になってきます。

その区切りの感覚というのが成功するための重要なカギになります。

ゲームというのは、自分の行動があって、相手のリアクションがあって、その不確実性があって、「うまく行く、行かない」という判定基準があるのが、成立基準です。

例えば、サッカーの試合で考えるとわかりやすいかもしれません。

サッカーの試合では、必ず前半と後半に分けてゲームが行われていますが、前半と後半をある特定の時間で区切ることによって、集中する時間帯や勝負に打って出なければいけない時間帯が存在するわけです。

そのような区切りをゲーミフィケーションでも取り入れてみてください。

メリハリがつけられるかどうかということが、ゲーミフィケーションの非常に大きなポイントであり、その一つの方法が、先に述べた「タイムプレッシャー法」でもあるのです。

ゲーミフィケーションで成功確率を上げていく

抽象的な報酬である目標をつくり出して、それを実践して脳の満足感を得る。

そうすると、自分の中に成功基準ができてきます。

このゲーミフィケーションが何か特別なことだと考えている人も少なくないようですが、実は誰にでも実践できる簡単なことです。

私は最近、小学校などに行ってお話をさせていただく機会があります。

そこで、子どもたちと話してみると、テレビゲームやスマホゲームなどの楽しさはみんな知っています。

しかし、これらのゲームと勉強はまったく別物だと思っている子どもが多いと感じます。

ですが、勉強もこのゲーミフィケーションを取り入れれば、誰もが楽しんですることができ、どんどん学びを吸収することができるようになります。

私がよく子どもたちにいうのは次のようなことです。

「みんな、ゲームって楽しいと夢中になれるよね？　そういう子は勉強にも熱中できるんだよ」

これは勉強だけでなく、仕事でもそうです。

私の周りにいる仕事ができる人、成功している人ほど、仕事と遊びの区別がないように見えます。

特に、今の時代を生き抜いている成功者ほどそのような人が多く、仕事と遊びの区別がなくなっています。

そのような人の脳を分析してみると、**仕事における脳への報酬構造と遊びにおける脳への報酬構造がひとつながりになっている**のです。

これこそが成功脳の特徴の一つでもあります。

そこで、繰り返しになりますが、成功と失敗の分岐を自分でしっかり定義していくということを実践してみてください。

目標設定と結果のデータをしっかり管理することで、同じ失敗を繰り返さない、すなわち成功確率をどんどん上げていく上での指針にもなっていきます。

誰かが決めたルールではなく、誰かに褒められるわけでもありません。

しかし、それが自分自身のルールに沿って行うゲーミフィケーションの醍醐味です。

ここで重要なのは、**ルールと報酬を自分の中で明確にするという意識を持つ**ことです。

そもそも、ゲームというものになくてはならない要素として挙げられるのが、このルールと報酬ではないでしょうか。

どんなゲームにしてもルールがあって、ルールに従ってやるから夢中になれるわけです。

実はあまり知られていない話ですが、世界の叡智が集結するカンファレンス「ＴＥＤ」もまた、ものすごくルールがはっきりしている世界です。

それはＴＥＤのスローガンである「ideas worth spreading（広めるに値するアイデア）」をプレゼンするということがＴＥＤのルールとして集約されているからです。

ＴＥＤには、開始1秒目から、世の中の多くの人に伝えて広めるに値するアイデアを、一番魅力的に、効果的に印象的に伝えるというルールの下にみんなが参加しています。

だからこそ、ＴＥＤの会場にはいい意味での緊張感が溢れているのです。

報酬を決めるのは、あくまで自分自身

ゲーミフィケーションで必要な報酬について、詳しく解説いたします。

一口に報酬といっても、さまざまあります。

他人からの褒め言葉や、給料が上がるということは、脳にとってすごくわかりやすい報酬です。

しかし、実はゲーミフィケーションにおける報酬というのは「ねつ造」できるということをご存じでしょうか。

なぜなら、ゲーミフィケーションによって成功したときの**報酬を決めるのは自分自身**だからです。

例えば、自分で自分に賞を出してあげたり、自分で自分に点数をつけたりする。そういうことでも脳は十分喜びを感じることができるのです。

脳にとっての報酬には、二種類あります。

一つは、**何かを達成したこと自体の報酬です。これを第一次報酬といいます。**

そしてもう一つが、**何かを達成したことによって、さらに何かが得られるという報酬です。これを第二次報酬といいます。**

例えば、英語学習をゲーム化して、上達することができたとしましょう。すると、自分で自分に「英語上達賞」を出してあげる。これが第一次報酬となります。

次に、英語が上達したことでビジネスにおいて役に立ったり、誰かに頼りにされたりする。これが第二次報酬になります。

すると、脳の中で報酬サイクルがどんどんまわり出すのです。

ゲームに勝ったら自分を褒めてご褒美をあげる。そしてそれにともなう第二次報酬も手にする。

ゲームに負けてしまったらしっかり自分にダメ出しをして、次の成功のために努力する。

報酬というのは、ときにはダメ出しもしないと機能しません。

このようなゲーミフィケーションをうまく活用することで、どんなこともゲーム化する習慣が身についてくるでしょう。

また、ゲームといえば、どうしても「誰かがプログラム&クリエイトしたもの」をやるものだと考えていませんか？

私がいつも口癖のようにいっていることは、「ゲームは自分でつくってみよう」ということです。

「人生はすべてがゲームである」

そう考えれば、人生というゲームのルールを決めるのは自分であるべきではないでしょうか。

他人から指示命令されたことは、自分自身の目標に翻訳しよう

私がよく受ける相談の一つに、次のようなものがあります。

「上司にいろいろと仕事を命令されるので、やる気が出ません」

このような悩みが生まれることは、会社員である以上、ある程度は仕方がないことだと思います。

そのときに私がいうのは「翻訳をしてください」ということです。

つまり、上司が英語で喋ってきているのを日本語に直すようなもので、すべてを**自分の目標やゴールに翻訳してしまえばいいのです。**


例えば、上司に仕事を無理やり押しつけられてしまったというとき、皆さんはどのように考えるでしょうか。

「あー、また上司に仕事を押しつけられた。今日も残業だ」

当然ですが、これでは脳がやる気を起こすことはできません。

そこで、次のようなかたちで翻訳してみてはいかがでしょうか。

「上司は自分を頼りにしているんだ。何とか今日中に終わらせてやろう」

このように、**自分が主体となって目標を立ててみるのです。**

すると、**上司が押しつけてきた仕事であっても、このように翻訳することで自分の目標に変換されます。**

すると、**脳がそれを終わらせた喜びを感じたいと思うことで、モチベーション高く取り**

組むことができるだけでなく、結果としてパフォーマンスも向上していきます。

実際に、これは私自身も、先にご紹介した「タイムプレッシャー法」において実践してきた手法なのです。

小学生の頃の夏休みの宿題などは、自分がやろうとしていることではなく、本来であれば学校の先生から与えられるものです。

しかし、私は机に座って「じゃあ、この1時間でここまで終わらせよう」といって自らの意志で宿題をこなしていきました。これは、まさにゲームと同じです。

そのようなゲーム感覚で夏休みの宿題に取り組み、時間内に終われば成功、終わらなければ失敗ということで、それを相撲の星取表のように何勝何敗というかたちで記録していたのです。

ちなみにですが、この何勝何敗という星取表は8勝7敗ぐらいがちょうどいいといえます。

なぜなら、15勝0敗というのは設定目標が低すぎるといえますし、逆に0勝15敗だと設定目標が高すぎるからです。

ですので、８勝７敗の勝ち越しくらいがちょうどいいのです。

これは阿佐田哲也《あさだてつや》（色川武大《いろかわたけひろ》）さんが、その著書の中で披露している「人生は８勝７敗、９勝６敗がいい」という哲学と奇しくも一致する理論でもあります。

ここで、話を戻しましょう。

他人から頼まれた仕事というのは、とにかく翻訳して脳の成功報酬にするということを覚えておいてください。

上司が無理難題な仕事を押しつけてきたら、**「その課題をやることは自分の人生にとってどんな意味があるのだろうか？」**というようなことを考えてもいいかもしれません。

さらには、「この課題をやることで、自分のビジネスパーソンとしてのスキルはどのように上がるのだろう？」といった自問自答も有効です。

少なくとも、どんな課題でもそれをやることで、脳の前頭葉の集中回路が鍛えられることとは間違いありません。

それだけではなく、一つのゴールに向かって粘り強くやるという継続力がつくといったメリットもあります。

そのように、自分の中で納得できるように翻訳することで、成功脳は強化されていくのです。

いろいろな物の見方ができる教養を身につけよう

他人の指示命令を自分の中の目標に変える秘訣とは何でしょうか。

それは、**いかに「教養」を持つか**ということだと私は考えています。

教養というのは、何かを学び知っているということのほかに、**「いろいろな物の見方ができる」**ということも含まれています。

つまり、人の生き方を考える上で、「見方を変えると全然違った視点が得られる」ということが教養でもあるのです。

結局のところ、一人の人生ではとてもカバーできないくらいの、人類の歴史の中でさまざまな人が経験してきた、いろいろな物の見方を濃縮したのが「教養」ということではないでしょうか。

皆さんは『１００万回生きたねこ』という童話をご存じでしょうか。

ここで、簡単なあらすじをご紹介しましょう。

＊＊＊

主人公のねこは、１００万回も生まれかわりを繰り返していました。

あるときは王様に飼われているねこだったり、船乗りに飼われていたり、サーカス用だったり、泥棒だったり、お婆さんに飼育されていたり。

１００万人の人間と共に暮らしてきたねこですが、彼が亡くなるたびに、飼い主はみんな悲しくて涙を流しました。

しかし、ねこはただの一度も飼い主を好きになりませんでした。

そしてあるとき、彼は初めて誰にも飼育されない「のらねこ」になりました。

立派なとらねこに生まれかわったため、たくさんのメスねこたちが彼の元にやってきましたが、彼が好きになったのは、自分のことを見向きもしなかった白いねこでした。

彼らは両想いになって、子どもも育てましたが、ある日、白いねこは静かに動かなくなりました。

彼は初めて涙を流し、彼もまた、彼女の隣で、静かに動かなくなりました。

そしてねこは、もう生まれかわることはなくなりました。

＊＊＊

ここで私がいいたいのは、「100万回生きた人間」になろうということです。

たとえ一人の人間でも、その中には、人類の長い歴史が培ってきたさまざまな英知が入っている。それが今の時代に必要とされる私たち人間のあり方でもあるということです。

前項で述べたように、たとえ上司から与えられた仕事であっても、そこにはいろいろな可能性があると考えてみてはいかがでしょうか。

そのような考え方こそ教養を身につけるチャンスでもあります。

教養というのは、何も本などからしか得られないものではなく、いろいろな人の話を聞くということからも得られるものです。すなわち、耳学問です。

ドイツ語で「シャーデンフロイデ」という、**「人の失敗が喜びであり、蜜の味になる」**ということわざがありますが、それはなぜかといえば、それも一つの教養だからです。

つまり、いろいろな失敗事例を学ぶことによって、転ばぬ先の杖ではありませんが、自分の失敗を回避するための心掛けにもなるのです。

あるいは、失敗したときにどう対応するべきかという危機管理のノウハウにもなります。

教養と呼ばれるありとあらゆることを経験するのも、脳にとっては大事なことでもあるのです。

目標を達成するプロセスは、あなたの血となり肉となる

目標というのは、見方を変えればそのときの自分に対する限界を表しているともいえるのではないでしょうか。

簡単にクリアできる目標ならともかく、「大変だ」「難しい」と思ってしまうのは、自分がそのとき未熟で、その目標の先に見えるものがわからないという場合があるからです。

すると、どうしても「やらされ感」が芽生えてしまい、「つらい」と思ってしまいます。

こうなると、パフォーマンスも向上せず、スキルも身につかないので、成功の階段を駆け上がることはできないでしょう。

しかし、たとえ親や上司から押しつけられた目標であっても、それを達成するプロセス

を経験すること自体が後々になって自分の血となり、肉となっているということがあるのではないでしょうか。

そう考えれば、結局のところ長い目で見れば、どんな目標であってもそれに取り組むことは、自分の可能性を広げていくことにつながっていくと私は思います。


それを実感したのは、映画『進撃の巨人』で監督を務められた樋口真嗣《ひぐちしんじ》さんとラジオ番組でご一緒させていただいたことがきっかけでした。

樋口さんは、『ゴジラ』の特撮現場からそのキャリアをスタートし、そこで庵野秀明《あんのひであき》監督と出会い、『エヴァンゲリオン』の製作にもかかわっていたそうです。

そんな樋口さんが特撮の現場に初めて入ったときに、ものすごい無茶振りの連続だったとおっしゃっていたことがとても印象的でした。

現場の先輩たちに「おまえ、これやっておけ！」といわれ、いろいろと細々としたことをやらされていたそうです。

そのときは「なんで俺がこんなことをやらされているんだろう？」と思っていたそうな

のですが、最近になって、「あの経験があるから、今の自分があるんだ」ということがわかってきたとおっしゃっていました。

これは、映画監督に限らず、ビジネスパーソンとしても非常に参考になるエピソードではないでしょうか。特に、若いビジネスパーソンほど、自分の目標と現実とのギャップに苦しんでいるかもしれません。

それでも、どんな仕事でも意味がある、今後、自分が成功をつかむための一つの栄養になるんだ、という気持ちを持つことが大事になってきます。

その時々の自分の目標の限界、理解の浅さということが先輩たちには見えているからこそ、若手のあなたに対して無茶振りをしてくれている。そう考えてみてください。

そのことに気づけないのであれば、当然不満は生まれるでしょう。

しかし、それを自分なりに翻訳してやっていれば、必ず後から血肉になるのです。

教養は観察から始まっていく

誰にとっても、毎日が常に勉強ではないでしょうか。

ここで、私なりの教養の身につけ方をご紹介したいと思います。

まずは、観察から始めます。

例えば、**人はどういうときにどう考えて動くのか、どんなときに人は成功し、どんなときに失敗してしまうのか**、すべてをこのような観察から始めていくのです。

すると、さまざまな成功事例や失敗事例を集めることができるようになっていきます。

それらをしっかりと蓄積していくと、それが自分の中の教養として身についていきます。

また、成功や失敗というのは社会的なもので、つまりは人間の生活の中に多く存在しています。

ビジネスパーソンの生活の9割以上は社会性から成り立っているので、社会上の観察を積み重ねることが実際のビジネスの現場では大事になってきます。

例えば、ある男性がビジネスで大きな成功を収めたとします。

そして、彼がデート中、自分の自慢話ばかりしてしまったとします。

すると、当然ですが相手の女性はだんだん不機嫌になって「私、帰る」といって帰ってしまう。これが社会的な失敗の好例です。

つまり、**たとえ自分の人生における興味深いこと、あるいは成功していることがたくさんあったとしても、会話というのは常に双方向であるということに気づかなければいけないということです。**

そこで、自分が話すのと同じくらい、あるいはそれ以上に相手の話を聞くべきだということをここで学ぶことができます。

よく、過去の成功体験に縛られて生きている人がいます。

そういう人は、ほぼ例外なく今がうまくいっていない証拠でもあります。

こういう過去の成功体験に縛られている人ほど、２匹目のどじょうを追いかけてしまうのです。

冷静に考えれば、２匹目のどじょうはいないのに、２匹目、さらには３匹目を狙って戦略を立ててしまう。

こういった人というのは、教養を身につけるための観察眼が不足しているのです。

では、観察眼を身につける方法とは何なのでしょうか。

それは、日常のさまざまな事例を、「どうせ対岸の火事だ」と傍観するのではなく、常に「明日は我が身」という姿勢で「これはうまくいっている」「これはうまくいっていない」と自分の中で判断していくようにするのです。

そして、それぞれの人の心の動きを綿密にシミュレーションして、自身の教養としてアウトプットできるようにしていきたいものです。

プラシーボ効果で、自分に限界を設けない

「自分はどうせ才能がないから、何をやってもうまくいかない」

「私はもう年だから、新しいことにチャレンジできない」

こんなことを思ってはいませんか?

このようなネガティブな考え方は、自分の脳の認識回路にマイナスのプラシーボ効果を与えているようなものです。

実は、人間の脳の限界がどの程度のものかなど、科学的に断定することはできません。つまり、**脳が成長する可能性は無限**といってもいいわけです。

ですが、自分ができることには限界があるという思い込みをしてしまうことが、脳の成長を妨げてしまいます。

ではここで、プラシーボ効果について少しだけ触れておきたいと思います。

「プラシーボ」の語源は、ラテン語の「喜ばせる」という意味に由来しています。そこから、医学の世界において患者さんを喜ばせることを目的とした、薬理作用のない薬のことを指すようになりました。

ある患者さんが処方された薬を飲んだところ、効果が現れて病気がたちまち良くなったというときに、実はその薬は、ただの糖でつくった偽薬だったというエピソードがあります。

昔から「病は気から」といわれていますが、それを立証したというわけです。

「薬を飲めば病気が治る」と思い込むだけで、病気はどんどん回復していき、逆に、「どうせ薬なんか飲んでもこの病気は治らない」と思い込めば、治療効果のある薬でも効き目がなくなっていきます。まさに暗示効果です。

このような事例はいくつもあって、最近では不眠症の患者さんの治療においても見られます。

不眠症の人が睡眠導入剤を多用すると、その効果がだんだんなくなってしまうという副作用があるそうです。

そこで患者さんにわからないように、本物の睡眠導入剤とプラシーボ効果が期待できる糖の偽薬を混ぜて、それを同時に処方するということを試みたそうです。

あるときは本物の睡眠導入剤、あるときは単なる砂糖の塊を処方することで、患者さんの不眠症が改善されただけでなく、副作用がそれほど起きなくなったというのです。

つまり、**私たちの脳というのは、たとえ間違った情報であっても、それが正しいと信じ込むことによって、心にも体にも変化をもたらすのです。**

先に述べた「翻訳作業」にしても、やはり一種のプラシーボ効果といえます。

他人から押しつけられた仕事を脳が変換することで、やる気スイッチが入り、パフォーマンスが向上していくわけです。

ここで重要なのは、勉強でも仕事でも、時々自分が本当にうれしいと思えるようなことをやってやる気を高め、行動して達成感を味わうということです。

「私はやりたいことしかやりません」

「やりたくないことはやりません」

そんな極端な考え方では、人生の幅を狭めてしまいます。

そこで、本当に自分がやりたいことをやりつつも、どうしてもやらなければいけないことには、自分自身に対してマイナスの洗脳をせずに、プラシーボという偽薬をうまく使って脳をちょっとだけごまかしてあげるのです。

それがうまく混ざっていると、自分の考え方や行動が少しずつ変わっていくはずです。

自分にとって「ニッチ」な居場所を見つけよう

成功脳を持っている人は、何か特別なスキルや才能を持っている人であると思い込んでしまっている人がいます。

もちろん、そのような能力がなくても、成功脳の持ち主になることができます。

大切なのは、**自分にとって輝ける「ニッチな居場所」を見つける**ということです。

例えば、プロ野球選手になりたいというすべての人たちが、実際にプロ野球選手になれるわけではありませんし、「将棋のプロ棋士になりたい」という夢が全員叶うわけでもありません。

そこで、自分に合った、社会の中でのニッチな居場所をいかに見つけることができるかがカギとなるのです。

そのためには、まず**自分の個性を知る**ということが大事になってきます。

なぜなら、人それぞれの個性を通して、自分の居場所というものがだんだんと見えてくるものだからです。

では、自分の個性を知るというのは、どのようなことでしょうか。

自分が好きな分野、得意な仕事をすぐに見つけられれば苦労はありませんが、実は**「自分が向いていない」と思うことを除外していく**という方法もあります。

実際に私の場合でいえば、学生時代からすでに、「おそらく会社組織の中で生きていくのは無理だろう」と悟っていました。

それは、毎日同じ時間に同じオフィスに行って働くということが、自分にとっての個性ではないと考えたからです。

もちろん、人によっては、いつも同じ時間に同じオフィスで働くことで安心感を得られる場合もあるでしょう。

そのような人は、そこが自分の個性を知る一番の居場所なのかもしれません。

このように、自分の個性を認識することで、自分にとっての成功が見えてくるということです。

何よりも、自分にとっての成功とは、自分に合う場所があるということに他ならないからです。

私が学生から受ける相談の中には、「就職活動ができない」というものがよくあります。

そのようなとき、何か気の利いたアドバイスをしてあげたいと思うのですが、よくよく考えてみると、私自身が就職活動を一度もしたことがないことに気がつきました。

だからこそ、そんな学生たちの気持ちがよくわかります。

そこで、「就職活動ができないという自分の個性に合った居場所を見つければいいんだよ」と心からアドバイスができるようになりました。

それと同じように、ひきこもりで学校に行けない学生は、学校に行けないという自分の個性に合った居場所を見つければいい。

毎日会社に行けない人は、会社に行けないという自分に合った居場所を見つければいい。

それこそが、成功への基本的定義だと私は思います。


中には、「まだ自分の居場所が見つからない」という人もいるかもしれません。

自分の個性というのは、なかなか自分で認識するのは難しいものです。

しかし、人生で最大の成功の条件とは、やはり自分の個性を正確に把握することです。

例えば、「あなたはどういう人ですか？」といわれたときに、ちゃんと答えられる自分の個性というものをわかっているでしょうか？

それがすぐに答えられるようになっている人が、成功脳を手に入れたともいえるのです。

自分の居場所は一つだけでなくてもいい

私自身も、自分のニッチな居場所として脳科学者になったわけですが、学者として大成功した身近な人物に養老孟司《ようろうたけし》さんがいます。

養老さんの功績は、もはや説明するまでもありませんが、東大医学部の教授だったときの養老さんは、「英語の論文は書かない」「ムダなペーパーワークはしない」などといった、学者としての常識を覆すほどの「自分には何が向いていて、何が不向きなのか」ということを徹底されていたそうです。

そしてそのことが成功への足掛かりになったようです。

ただし、**自分の向き、不向きと、自分が好きか嫌いかということは、必ずしもイコール**

ではないということを覚えておいてください。

わかりやすくいえば、私は小学校1~2年生の頃、大の野球好きだったので、それこそ漫画『巨人の星』などを愛読し、「将来、プロ野球選手になりたい」という思いで、それは真剣に野球に打ち込みました。

だからといって、プロ野球選手になれるはずもありませんでした。なぜなら、私にとっての野球は「好き」であっても「不向き」だったからです。

さらに、私は小さい頃から芸術に対する憧れが人一倍強かったのですが、バイオリンにしても、書道にしても、絵を描くにしても、プロとして活動するには不十分で不向きだったのです。

つまり、自分が好きなことと、自分ができることというのは一致しないことが多いということです。

それをしっかりと区別していくことも含めて、「自分の個性を探す」ということになります。

ただし、「嫌いなことは向いていない」と決めつけないことも重要です。

なぜなら、先に「プラシーボ効果」のところでも少しご説明しましたが、**嫌いなことというのは、実はそれをちょっとでも取り入れることで自分の可能性が伸びるケースが多いからです**。

私は、大学院の1～2年生のときに、物理学を専攻するか、それとも生物科学を専攻するかで悩んだ時期がありました。

結果的には物理学科へ進んだのですが、なぜ生物科学を専攻しなかったかといえば、「3年の後期から1日中研究室で実験だ」ということを先輩から聞かされていたからです。

そして、「1日中研究室で実験というのは、自分にとっては不向きだな」と考えたのです。

そして、結局は研究室の教授に逆らう形になってしまいましたが、そのときの判断は今でも間違っていなかったと思います。

成功脳を手に入れるためには、自分の居場所を見つけることが大事だと定義したわけですが、何も自分の居場所というのは一つでなくてもいいということを付け加えておきます。

私の場合でいえば、今は脳科学者としての研究以外にも、さまざまな居場所を自分自身でつくり出しています。

それによって、点と点を結ぶことができるようになり、自分の道具箱の中の道具、つまり、生きていくための武器が増えていくことになるのです。

ですから、テレビやラジオの仕事をしたり、大学で授業をしたり、全国で講演をしたりもします。そして、このように原稿執筆の仕事をしたりもしています。

それぞれの仕事がやりやすくなるように、自らの手でクリエイトしているということです。

テレビの仕事一つとってみても、それが私の居場所のすべてではありません。

それこそ、タレントさんのようにずっとテレビの世界で生きていくことは、私にとっては不向きなことだと理解していますし、大学の授業にしても、教授のように週5日大学に行くというのもおそらく不向きでしょう。

このように、自分に向いている働き方ができるように居場所のバランスを取っていくということは、すなわち自分が成功するためのニッチな居場所を見つけるという作業でもあるのです。

第3章

フローは、成功脳へ導く最強の武器

成功脳に必要不可欠なフローを手に入れよう

成功脳を強化していくためには、やはり**目の前の仕事にどれだけ集中できるかがカギになってきます。**

ところで、皆さんは**「フロー理論」**というものをご存じでしょうか？

フロー理論とは、ハンガリー出身でアメリカの心理学者ミハイ・チクセントミハイが提唱している概念で、**脳がとてもリラックスしている状態にもかかわらず、最高のパフォーマンスが発揮できている状態のことをいいます。**

私がこのフロー体験において、わかりやすい好例としてよく挙げるのが、長野オリンピックのスピードスケートで金メダルを獲得した清水宏保《しみずひろやす》さんのものです。

清水さんは、世界新記録を出したときのレースを振り返り、次のように語ってくれました。

「世界新記録が出るときには、むしろ『流している』感覚に近いほど、リラックスしているんです」

つまり、本当の意味で集中したフロー状態というのは、ただがむしゃらにやるということとはまったく違うということがいえるのです。

時間を忘れるほどやっていることが楽しい、あるいは自分の得意なことをリラックスした状態でやっている。そのときこそ最高のパフォーマンスが発揮されるのです。

ただこのとき、スキルよりも課題が上だと不安になり、スキルのほうが課題より上だと退屈を感じてしまいます。

最も理想的なのは、スキルと課題がともに少しずつ、右肩上がりに上昇していく状態です。

仕事において最高のパフォーマンスを発揮するとき、あるいは勉強で深い学びができているときというのは、集中していて時間の経つのを忘れ、まるで木もれ日の中にいるようなリラックス感があるはずです。

つまり、フロー体験の階段を上るためには、**自分自身によい意味での負荷をかけながら、課題とスキルを一致させる**必要があるのです。

パフォーマンスを上げる状態と幸せを感じる状態を一致させる

チクセントミハイが、フロー理論の研究を始めるきっかけになった最初の体験が非常に興味深いので、ここで紹介したいと思います。

彼は第二次世界大戦のとき、東ヨーロッパで活動していたのですが、現地の情勢はひどいものだったそうです。

ところが、そんな状況にもかかわらず、チクセントミハイはある不思議なことに気づいたのです。それは、どんなに大変な状況であっても、そこで暮らす何人かの人たちは楽しそうに生きているということでした。

チクセントミハイの友人に画家がいました。その画家は、自分の描いた絵が売れるかどうか、評価されるかどうかもわからないのに、集中して絵を描いているときがすごく幸せそうに見えたというのです。

その様子を見たことが、フロー理論を提唱する原型になり、その後、ポジティブ心理学の研究を突き詰めていくことになりました。

どんなに苦しい状況の中でも、集中できる人の多くは、幸せ感に溢れているということです。

最初はつまらないな、自分らしくないなと思っていたことでも、集中しているとドーパミンやβエンドルフィンといった脳内物質が分泌されて、ある種陶酔した状態になっていきます。

ここで重要なのは、**質の高いパフォーマンスを上げる状態と幸せを感じる状態を一致させる**ということです。

そのためには、どんなことでも、**受け身ではなく能動的に取り組む**という意識を持つことが重要です。

ですから、仕事にしても能動的に何かをしながら幸福を感じるという条件によって、私たちはフロー体験ができるというわけです。

では、仕事や勉強において幸せを感じるためには、どんな方法があるのか？

その秘訣は、**やっていること自体を自分の報酬にする**ということに尽きます。これは先に述べた第一次報酬の前に来るものといえるかもしれません。

普通であれば、「勉強は大変」「仕事はつらい」と考えてしまいがちではないでしょうか。仕事にしても、生活のために我慢してやっている、あるいは昇進するためにどんなことも耐えるという気持ちで取り組んでいませんか？

しかし、チクセントミハイのフロー理論によると、**最も高いパフォーマンスを上げているときは、仕事自体が最高の報酬になっている**ということがいえるのです。

例えば、アニメーターの仕事にしても、下積み時代は労働時間も不規則で、必ずしも給料が高いとはいえないかもしれません。

それにもかかわらず、なぜアニメーターの仕事を続けているのかといえば、アニメを描く、あるいはアニメに携わる仕事をしているということ自体がフロー体験となっていて、その仕事自体が楽しいため、どんなに不規則でも頑張れるからなのではないでしょうか。

ですから、日々の仕事の中でも、フローに入ることで自分の最高のパフォーマンスが発揮されるばかりか、仕事が苦痛ではなくむしろ楽しみへと変わり、結果が出せるようになっていきます。

このような、まさにビジネスパーソンとしては理想的なサイクルに入ることができるようになるためには、パフォーマンスを上げつつも、それ自体を楽しみながらやることを忘れてはいけません。

自分と仕事を一体化させるポジティブ・バイアスを持とう

「自分には集中力がない」

「何かと気が散ってしまう」

そんな悩みを抱えているビジネスパーソンも少なくないようです。

仕事に集中できない人の大きな特徴として、**自分と仕事の間に垣根を設けてしまう**ことが挙げられます。

これは勉強でも同じことがいえるのですが、学校の宿題をやらない子どもほど、「宿題どうしようかな、面倒くさいな」といっているうちに時間が経ってしまっているものです。

このとき、**自分とやるべき宿題の間にいろいろな障壁ができてしまっているのです。**

脳というのは、不安になる、あるいは失敗するかもしれないといったネガティブな考え方を持つことで、**「ネガティブ・バイアス」**と呼ばれる脳の働きが生まれ、ポジティブなことよりもネガティブなことのほうがより印象に残りやすくなってしまいます。

フローに入れない多くの人は、**最大のパフォーマンスを上げている状態を「苦しい状態だ」と認識してしまっています。**

勉強が苦手な子は勉強している状態が苦しいと思ってしまう、仕事がいやだなと思っている人は仕事をやっている状態は我慢しなければいけないと思っているものです。

そしてそれが行動に移すさいの障壁となってしまっているということです。

確かに、勉強も仕事もときに我慢してやらなければならないときもあるでしょう。しかし、実はその先にはフローという最高の幸福を感じる状態があるということを知っておいて欲しいのです。

人間の行動の90パーセントは習慣によるものだといわれています。

そう考えれば、このネガティブ思考を変えるには、習慣を変えていく必要があるともいえるわけです。

ここで参考にしていただきたいのが、成功脳を持っている人に共通する思考習慣です。

脳科学者としてはっきりいえることは、**成功脳を持っている人というのは、ほぼ例外なくフローを体験しているということです。**

逆をいえば、フローに入れない人というのは、真逆の失敗脳を持ってしまっているということです。

失敗脳を持ってしまっている人というのは、フローによって高いパフォーマンスを上げて結果を出し、成功を手にしている人を見て、どのように思っているのでしょうか。

おそらく、「成功している人は、きっと自分よりも苦しいことをやっているんだ」と思っている人が多いのではないでしょうか。

しかし、これは完全に間違った認識です。

成功脳をうまく使って集中力をいかんなく発揮し、成功している人というのは、実はすごく楽しい仕事生活をしているものです。

それは、自分と仕事の間に垣根をつくらないというところから始まり、もたらされるものです。

1秒目から、すぐにやり始めよう

人は、どうしても「何かをしない理由」をつくってしまいがちです。先にご紹介した「ネガティブ・バイアス」もその一つです。

人間の脳はエネルギー節約のためであれば、いくらでも理屈をいうことができるため、しない理由をいろいろと並べるのは本当に簡単なことなのです。

つまり、行動に移せないということは、結局は何もしないために、脳が理屈、感情をつくってしまうことに原因があるとも考えられます。

もちろん、それはそれなりに理由があるでしょう。

むやみに行動すると危険な場合もあるし、じっとしているほうが安全な現状維持ができる場合だってあります。

それによって、後回し癖がついてしまっている人もいるでしょう。

そのような壁を取り払って行動に移すのは、実は案外簡単なことなのです。

それは、**あれこれ考えずに1秒目から何でもすぐにやり始めてしまえばいいのです。**私はこれを**「瞬間トップスピード法」**と呼んでいます。


私は常日頃から、「英語がうまく話せるようになりたい」といっている学生たちのこんな声を聞いています。

「今まで英語の勉強をさぼってきたし、このままだとうまく英語が話せるようにならないし……」

そこで、私が学生たちにしているアドバイスは、「そんなことを考えている暇があるなら、今すぐ英語を勉強すればいい！」というものです。

理屈をこねている時間があるなら、英語の参考書を開いて1秒目から読み始めればいいのです。これが瞬間トップスピード法の魅力でもあります。

それはまだ拙い一歩かもしれませんが、思い立った瞬間にやることで、脳はどんどんマルチタスクをこなしていけるようになるのです。

フローの入口はたった一度の成功体験から見つかる

多くのビジネスパーソンが抱える問題として、自分がやらなければいけない仕事のタスクが増え過ぎて集中できないということがあると思います。

確かに、膨大な仕事量の問題もあるのですが、１日のうちにどれだけフローに入ることができているかというのも、大きなポイントになります。

それによって仕事を終わらせる時間が大きく変わってくるということを忘れてはいけません。

例えば、二人の人間にまったく同じ仕事を与えたとします。

その結果、一人の人間が1・5倍も早く仕事を終えたとしましょう。

ではなぜ、そのような差が生まれてくるのかといえば、その仕事に対する向き合い方が大きく違っているからということがいえるのです。

先に述べたとおり、フローに入るためには目の前の仕事を楽しまなければいけません。でなければ、集中して効率よく仕事をこなすことができないからです。

もし世間の人が、私の人生がある程度うまくいっていると見てくださっているのであれば、私の成功の理由はたった一つだけです。

それは、フロー状態の時間を長く保てるようになったということです。

私は1日の仕事のうちの、およそ9割が、フロー体験によって集中できているという実感があります。

これは、言い換えれば1日の仕事の9割を楽しんでこなしているということになります。

そして、**フローに入って集中して効率を上げるということと、クオリティが高いということはほぼ一致するのです。**

モーツァルトは、ものすごいスピードで名曲を書いていたといいます。

また、夏目鏡子《なつめきょうこ》の証言によれば、夫の夏目漱石《なつめそうせき》が『草枕』を執筆した当時というのは、一高や東大で教鞭を振るっていた頃であったそうですし、かの有名な『坊っちゃん』にしても、おそらく1週間もかからないで書き上げたといわれています。

おそらく、漱石にとって原稿を書くという作業は、まぎれもなく楽しい作業だったに違いありません。

ここに、集中力のクオリティ次第でタスク処理能力も大幅アップする秘訣が隠されているのです。

この、何かを楽しみながら集中してフロー体験をする、その入口というのは、たった一度の小さな成功体験から見つかるものです。

皆さんも、次のような経験があるのではないでしょうか。

「たった一度テストの点数が良かっただけで、勉強が楽しくなった」

「仕事で、たった一度褒められただけで、結果が出続けるようになった」

まさにこれらが、フロー体験をするために必要不可欠な「楽しみ方」を知る入口になるということです。

緊張の先にフローが待っている

フローを体験していない人や集中することが苦手な人の多くが、緊張している状態を「集中している」と勘違いしがちです。

しかし、理想的なフロー状態というのは、集中していると同時に心身ともにリラックスしている状態です。

そしてそうでなければ、質の高いパフォーマンスが発揮できません。

確かに、脳の性質の一つとして、生まれて初めてやることには、どうしても臆病になってしまう、あるいは緊張してしまうということがあります。

フロー状態と緊張状態はまったく違います。むしろ、真逆といっても過言ではないほど違うものです。

しかし、そういった緊張を抜けると、意外とフローが待っていることが多くあるのです。

緊張をフローに変えるためには、やはり先にも述べた、課題のレベルとスキルのレベルを高いところで一致させるしかありません。

当然ですが、スキルが及ばなければ緊張しがちになりますし、課題が低いと今度は逆に退屈してしまいます。

つまり、**課題とスキルが高いレベルで共鳴するときこそ、人は驚異的な集中力を発揮し、フローを体験することができるのです。**

何か新しい課題に取り組んでいるときというのは、当然ながら課題に対してスキルが追いついていないわけですから、どうしても緊張してしまうでしょう。

ところが、そのような苦しい時間帯をくぐり抜けると、あるときパッとフローという名の平原が開けていきます。

そう考えれば、フローへの入口には、必ず緊張が待ち受けているといってもいいかもしれません。

私自身も、すべてのことにおいて最初からフローに入れるわけではありません。

例えば、私が「ＴＥＤ」でのプレゼンテーションの檀上に、初めて上がったときのことです。

あれほど大きな舞台で、しかも英語でプレゼンをするというのは、誰にとっても大きなプレッシャーがかかるものです。

しかも、当時司会を務めていたクリス・アンダーソンが、何らかの理由で私の出番を間違えてしまうというハプニングにも見舞われました。

私が出るといわれていた二つほど前に、いきなり「KEN, It's a time!（君の出番だ！）」という不意打ちを食らわせてきたのです。

そのときは心の準備ができていないのに、いきなり檀上に上がらされたので、緊張気味だったかもしれません。

それでも、それから何度かＴＥＤでプレゼンするようになると、次第にその緊張感から解放され、今ではむしろリラックスして臨むことができるようになりました。

これがまさに緊張からフローに入ったということです。

一般的にいえば、「場数を踏む」ということになるわけですが、脳はこのような負荷をかければかけるほど、しかもそれが大きなプレッシャーであればあるほど、フローの回路が強化されていくのです。

緊張をフローに変える「ストーリーづくり」

私自身、脳科学者ひと筋で生きていくこともできます。

ただ、あえていろいろなことに挑戦し、緊張を楽しんでいるのは、そのような経験が成功脳を強化するための一つの方法だということを知っているからです。

今まで自分が経験したことがないことで脳を使うということは、「自分に無茶振りをする」ということでもあります。

結局のところ、**人間が本当の意味で集中力を発揮するのは、自分が成長するためにやるべきことに追い込まれていたり、人生をかけるような勝負のときではないでしょうか。**

例えば、受験や就職面接にしても、失敗は許されないと思うからこそ緊張します。しかし、その緊張は脳が成長できる栄養にもなっています。

なぜなら、その後の人生に大きな影響を与える勝負に挑むことで、成功脳が活性化していくからです。

誰にでも緊張する瞬間はあります。しかし、それらを一つひとつ乗り越えることで脳は次第に成長してフローに入る時間がどんどん長くなっていきます。

ですから、**フローを体験するには、新しいことに繰り返しチャレンジするという姿勢が必要だということです。**

先に述べたスピードスケートの清水さんが挑んだオリンピックや世界選手権の決勝戦といった大舞台であれば、当然ながら緊張もします。

オリンピックでいえば、４年間の練習の成果をすべてそこに凝縮させなければなりませんし、ほんの０コンマ何秒の差で金メダルか銀メダルか決まるのです。

いってしまえば、一瞬のミスも許されない究極のプレッシャーのもとで戦わなければいけないわけです。

その緊張感を楽しみながらフローに入るとすれば、それは、まさに人類の最高レベルのフローといえます。

確かに、そのようなレベルに達することは、なかなかできないわけですが、フローの効果を発揮させるためには、まず、**緊張の向こうにフローがある**ということをしっかりと認識した上で、やることが低いレベルにならないようにしなければなりません。

ときには、足が震えるくらいガチガチのプレッシャーを自分にかけることができる能力というのも同時に求められるということです。

そう考えれば、**緊張するというのは、一つの才能**だと思います。

そして、やはり能力に裏打ちされた努力も必要です。


そこで、緊張を解き放ち能力を磨いていくための、とっておきの方法をお教えします。

私が普段お勧めしているのは、**「ストーリーをつくり、自分にプレッシャーをかけて日々の進歩を楽しむ」**という習慣を身につけるというものです。

これは実際に私自身も実践していることなのですが、まだまだ自分が到達できていない青天井のさらに奥、つまりは遠いビジョンをしっかりと追い続ける自分を、物語にして想像してみるのです。すなわち、成功ストーリーを自分の中に描くのです（自分を主人公にしてストーリーをつくるという行為は、多くの人が〈ほとんどの人が〉子どもの頃からやっていることだと思いますので、どのようにストーリーをつくるかという詳細はここでは省きます）。

そして、その上で、地道に足元のことをコツコツとやっていくのです。

緊張から解き放たれ、脳がフローに入っていくためには、とにかく毎日少しずつでも進歩することが大事になってきます。

その一方で、自分にプレッシャーをかけながら少しずつ進歩・成功していく、自分が目指している高みに近づいているということもしっかり見通すという意識も持ってください。

その両輪でストーリーづくりをすることで、緊張をフローに変えることができるようになっていくのです。

脳内Ｔｏ Ｄｏリストで、フローの持続力をアップさせる

ほとんどのビジネスパーソンは、Ｔｏ Ｄｏリストを手帳やスマホで管理しているのではないでしょうか。

ところが、私の経験や脳科学的な観点から導き出した結論は、成功している人や優秀なビジネスパーソンというのは、ほぼ例外なく**Ｔｏ Ｄｏリストを常に頭の中に持っていると**

いうものです。

私はこれを、**「脳内Ｔｏ Ｄｏリスト」**と名づけました。

私も、手帳やスマホではいっさいＴｏ Ｄｏリストを管理せず、常に頭の中でいろいろなＴｏ Ｄｏリストをつくり、優先的にやるべきことをやるように心掛けています。

では、なぜ成功している人は頭の中でＴｏ Ｄｏリストを管理しているのでしょうか。

それは、自分の状況や周囲との連携によって、**やるべきことの優先順位が常に変化していく**からです。

そこで、Ｔｏ Ｄｏリストを頭の中で管理することで、「今自分がやるべきこと」が明確になり、なおかつそれが途切れることなく行動に移せるようになっていきます。

つまり、**手帳やスマホで管理するにはスピード的にも効率的にも限界がある**ということです。

誰もが、脳の前頭葉のワーキングメモリーの中では、「あ、そろそろあの締切りが近づいているな」あるいは「あの仕事にそろそろ着手しなければいけないいな」といった感覚を持っています。

つまり、朝起きた瞬間から脳の中には、いくつかのＴｏ Ｄｏリストが存在しています。それを状況と共に、常に更新する訓練を日頃からしておくと、比較的フロー状態が途切れることなく集中力が持続するのです。

フロー状態が途切れてしまう一番の原因とは、考えや行動に迷いが生まれることです。そこで、普段からＴｏ Ｄｏリストを頭の中で整理する癖をつけておくと、どんなときでも優先的に、かつ集中して実行しなければいけないタスクが頭の中にどんどん浮かび上がってくるようになります。

しまいには、その日にやるべきことだけではなく、１週間後、１ヵ月後に自分がやるべきことのＴｏ Ｄｏリストを頭の中で管理できるようになっていきます。

実際に、「何でも優先順位を決めてやらないと集中できない」といった相談をよく受けることがあります。

確かに、仕事も勉強もスケジュールで動いているでしょう。

さらにいえば、いくらＴｏ Ｄｏリストをしっかりつくっても、仕事というのは思い通りに事が運ばないことが多いわけです。

そのときに**外部のＴｏ Ｄｏリストに頼っていると、集中するためのダイナミックさが消えていってしまいます。**

ビジネスパーソンにしても、それこそ一字一句、何かのキーワードごとにメモを取っておくと、確かに安心かもしれません。

ですが、それでは脳が本当に集中しているということにはなりません。

黙って話を聞きながら頭の中で要約するトレーニングをしなければ、本当の意味での脳内Ｔｏ Ｄｏリストをつくることはできないのです。

肝心なことは、「すべてを同時にやることはできない」ということをまずは知ることです。

次に、「何にどれくらい時間を振り向けるか」ということを意識して、日頃から集中するトレーニングをすることでフローの持続力がついていきます。

脳というのは、皆さんが思っているより実は優秀にできていて、例えば、何か気になっていることがあれば、「そろそろ時間だからこれをやらなくちゃいけない」といったように、優先順位としてしっかり上がってくるという構造があるのです。

自分との対話によって脳内ＴｏＤｏリストを更新する

日々忙しく働いているビジネスパーソンほど、この脳内ＴｏＤｏリストは有効に活用すべきだというのが私の意見です。

私自身も、毎日忙しく仕事をさせてもらっていますが、忙しければ忙しいときほど、脳内ＴｏＤｏリストをいかに細分化できるかという意識を持つように心掛けています。

脳内ＴｏＤｏリストというのは、決して他人に決められているものではありません。あくまで自分自身でつくるものです。

だからこそ、柔軟に変化させることができるのです。

脳というのは、実はそれくらい優秀であると認識してもらえればと思います。

レストランのシェフを例にすると、わかりやすいかもしれません。

特に、調理場を任されるようなスーシェフになれば、一気に注文が入ると同時進行で、さまざまなＴｏ Ｄｏリストが発生します。

それをわざわざ紙などに書いてやっているでしょうか。そんなことをしていれば、絶妙なタイミングですべての料理を仕上げることはできません。

常に頭の中で次にやるべきことを整理していく。このようなことは、習慣化すれば誰でも簡単にできるようになります。

それこそ、私はこの脳内Ｔｏ Ｄｏリストを習慣化しているので、今では1秒単位でＴｏ Ｄｏリストを管理できるほどになりました。

脳の中でのＴｏ Ｄｏリストの構築がうまくなってくると、次第に何かをしながらでも次にやるべきことがしっかり頭の中で整理できるようになります。

当然ながら、**スムーズに次の動作に移ることができるようになり、それによって、フローの持続性がどんどんアップしていきます。**

このような脳内Ｔｏ Ｄｏリストを細分化していくコツは、自分自身との対話をするということです。

例えば、私はある仕事をしていても途中でやめて、こっちの仕事のほうが優先順位は高いなと思ったとたんに、その仕事を一時中断することがよくあります。

これは、まさに自分との対話による全能的な感情の回路をうまく使っている証拠なのです。

皆さんも、「そういえばあのメールに返事をしないといけなかったな」というときに、ある仕事を中断してメールの返事をするといった経験があるのではないでしょうか。

それはまさしく、自分との対話によって脳内Ｔｏ Ｄｏリストが書き換えられる瞬間なのです。

そういうイメージを、もっとダイナミックに仕事や勉強に取り入れていけばいいのです。
すると、脳の主体性がどんどん研ぎ澄まされていくことを実感できるはずです。

「脳内Ｎｏｔ　Ｔｏ　Ｄｏリスト」で、優先順位がさらに見えてくる

普段から自分自身と常に対話しながら仕事や勉強に向かっていると、次第に脳の中のＴｏＤｏリストの全体像ができ上がっていきます。

結局のところ、人間の想像性というのは、自分の周辺視野がどれくらい広く見えるか、自分とどれくらい対話ができるかということによって決まってくるものです。

しかも、このような自分との対話というのは、脳科学の立場から考えても「ストレスのない人生を送る」という意味でもとても有効です。

自分の意識下において、自分自身との向き合い方を学ぶということは、すなわち脳のバ

ランスを保つことを学ぶことでもあるのです。

例えば、仕事をしているときに「最近ちょっと仕事がうまくいっていないな」と感じたとしましょう。

そのときに、脳内Ｔｏ Ｄｏリストをモニタリングして、整理整頓しておくことで、意外と根本的な問題に気づくことができるはずです。

そういう形で脳の中のＴｏ Ｄｏリストをモニタリングする習慣をつけておくと、頭の中をいつも整理整頓しておけるので、問題解決の糸口がそこから見つかることが多いということです。

そして、このような脳のＴｏ Ｄｏリストをモニタリングする絶好の機会は、朝の時間です。なぜなら、睡眠をしっかり取って起きた朝というのは、脳が整理されたベストの状態だからです。

さらにいえば、脳内Ｔｏ Ｄｏリストにはいろいろなスケールがあって、「今日、何をやらなければいけないのか」あるいは「1年後、10年後に自分は何をやりたいのか」というものがあります。

まずは手始めとして、朝の時間をうまく利用して脳のＴｏ Ｄｏリストをモニタリングしてみてはいかがでしょうか。

すると、意外にも「やらなくてもいいこと」に多くの時間を費やしていることが見えてきます。

もちろん、誰にでも「自分がやりたいこと」というものは必ずあるはずです。

しかし逆をいえば、**脳のＴｏ Ｄｏリストを冷静に分析してみると、そこには、やる意味のないものが出てくるはずです。**

ここで重要なのは、「Ｎｏｔ Ｔｏ Ｄｏリスト」、すなわち「してはいけないこと」のあぶり出しです。

私の場合でいえば、以前メルマガを1年くらいやっていたことがありました。

ところが、メルマガをやっていて、あるとき「これは自分がやりたいことじゃないな」

という思いに至って、自分のＮｏｔ Ｔｏ Ｄｏリストに入れてメルマガを終了したことがあります。

なぜ、このような脳のＮｏｔ Ｔｏ Ｄｏリストが大事だというのかといえば、やらなくていいことをあぶり出すことで、より集中してやるべきことに向き合えるようになるからです。是非、皆さんも実践してみてください。

第4章

すべては、自分をありのまま見ることから始まる

失敗脳を持っている人に共通する、負け癖思考

世の中には、どうしても同じ過ちを繰り返してしまう人がいます。

ビジネスの現場でも、上司に「おまえは何回同じ過ちを繰り返しているんだ！」といわれてしまう人も少なくないはずです。

そのような人は、「失敗の世界に安住してしまっている」という特徴が浮かび上がってきます。

これはどういうことかといえば、場合によっては**失敗している自分を愛している**ということです。

つまり、**「負け癖」がついてしまっているのです。**

そのような人が持っている思考、それこそが失敗脳です。

ダニング・クルーガー効果

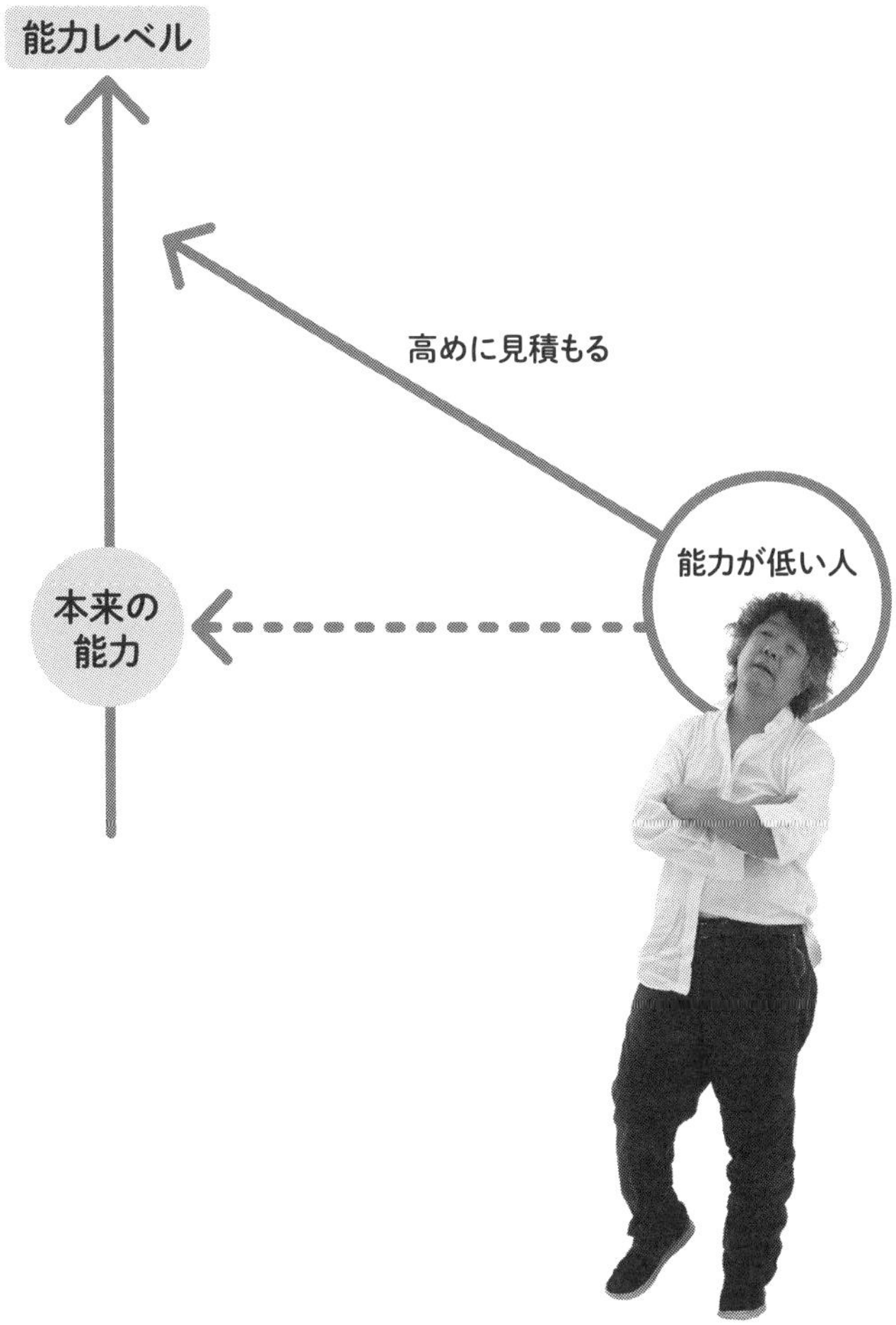

負け癖がつくというのは、負けている自分の存在に安住して、それを肯定すらしてしまうということです。

つまり、成功脳とは対極の脳の使い方をしているということになります。

また、失敗脳の持ち主に見られる典型的な特徴がもう一つあります。

それは、クリティックな目（批判的な目）で自分のことを冷静に見ることができず、どうしてもひいき目になってしまうというものです。

つまり、**「能力が低い人ほど自分の能力を高めに見積もるという性質を持っている」**ということです。これを**「ダニング・クルーガー効果」**といいます。

これもまた、典型的な失敗脳だといえます。

例えば、英語力が高い人ほど、自分の英語には足りないところがあるということに気づいています。

ところが、英語力が低い人ほど「自分は英語が喋れる」と思ってしまっています。

勉強やビジネスに限らず、人生をうまく生きている人ほど、実は成功の基準が厳しく、「自分はまだまだだ」と思っているものです。

ですが、同じ失敗を繰り返してしまう人ほど「俺って案外いけてるじゃん」といったような勘違いをしていることが多いようです。

ですから、先にご紹介した、しっかりしたクリティック（評価者）が自分の中にいるかどうかというのは、実は成功脳、失敗脳を分ける非常に大きな分水嶺であるといっても過言ではありません。

いくらアクターとしての自分を持っていても、クリティックな自分がいなかったら、成功脳を手に入れることはできないということになります。

負け癖を自分で認めてしまう慣性の法則

一度負け癖がついてしまうと、それに安住してしまって、そこからなかなか抜け出せないという人は、自分自身の認識をつかさどる脳の回路において、「どんな自分でも自分らしい」と勘違いしてしまっているのです。

つまり、太っている人は、「太っている自分が自分らしい」と勘違いしてしまう、あるいは負け癖がついてしまっている人というのは、「負けている自分が自分らしい」と脳が勘違いしてしまっているというわけです。

その要因とは、脳には**「慣性の法則」**というものがあるためです。

これは、**「昨日と同じ今日の自分だと安心する」**というもので、逆をいえば昨日の自分と今日の自分に違いがあることで不安になるといった性質を持っているということです。

ですので、負け続けている人が急に勝つということは、逆に不安になるということになります。

なぜなら、勝つということが負ける状態から見ると一つの変化だからです。

そこで、慣性の法則が脳にはあるということを理解した上で、**自分自身の変化を恐れない勇気を持つ**ことが重要です。

もちろん、誰もが人生の中で敗北という経験をして生きているのは事実です。

だからといって、負けることが当たり前だと思ってはいけません。

失敗続きや負け続けているということ自体に、自分のアイデンティティを認めていくようになってはいけません。

負け癖が習慣になってしまっている人ほど、いろいろとやり方があるのにそれを変えようとしないで、常に同じことをなぞろうとする性質があります。

そこで負け続けている自分がいるとするならば、そこから勝てるようになるために、脳の慣性の法則を逆に利用して、**負け癖習慣を勝ち癖習慣に変えていけばいい**のです。

すなわち、**勝ちに慣れる**ということです。

確かに、昨日の自分と今日の自分との間に変化をもたらすということは、勇気がいることだと思います。

今までのやり方と違うやり方をするということが、なかなかできない人が多いのも事実でしょう。

しかし、あるやり方で今まで負けていたのであれば、やり方を変えなければ勝つことはできません。

今まで通っていた道があるならば、ちょっと横の道を通ってみればいいのです。

あるいは、いつもよりちょっと早く歩き始めてみる、いつもよりちょっとじっくりやってみる、いつもより少しねばってみる、というふうに、やり方に工夫を凝らす必要があります。

「意識高い系」は、失敗脳の典型例

皆さんは、「意識高い系」という言葉をご存じでしょうか。

この言葉は、もともとインターネットのスラングとして生まれたものです。

ネット上で自分の経歴や人脈を過剰に演出していて、一見すごい人のように思えるのですが、実際の経歴や活動はたいしたことがない人々のことを指しています。

常見陽平《つねみようへい》さんの著書『「意識高い系」という病』（ベスト新書）の中で、意識高い系の特徴を実に見事に捉えていました。

例えば、「やたらと学生団体を立ち上げようとする」「やたらとプロフィールを盛る」「ソーシャルメディアで意識の高い発言を連発する」「人脈をやたらと自慢する」などなど……。

そんな意識高い系の人というのは、勝つか負けるかという五分五分の勝負をしていないのではないでしょうか。

また、現実をごまかすためのものとして、意識高い系のものを消費するというようなこともあります。

意識が高いというのは、本来素晴らしいことだと思うのですが、努力する方向が間違っていたり、地に足が着いていないということは、すなわち「負け癖」がついてしまっているといわざるを得ません。

これはまさに、失敗脳の典型的な例です。

本当に意識が高く、常に真剣勝負をしている人というのは、目の前の課題に集中して取り組んでいるので、あまりそういった浮わついたことはいわなくなるものです。

常に真剣に勝つか負けるかの勝負をしている人が、最後に成功脳を手に入れるのです。

そこが、意識高い系と本当に意識が高い人の違いなのです。

そこで、イチロー選手の言動を参考にしてみてはいかがでしょうか。

今もメジャーの現役で真剣勝負を毎日繰り広げているイチロー選手は、本当に意識が高い人だと感じます。

イチロー選手は自分がやるべき目の前の課題がわかっているからこそ、あまり大きなことをいうことはありません。常に、謙虚な姿勢で努力を続けています。

そんなイチロー選手でさえ、3割しかヒットを打てません。それでも常に、目の前1打席1打席のための準備を怠りません。この姿勢は、私たちビジネスパーソンも見習うべきではないでしょうか。

失敗を重ねてしまう人は、もしかすると1割しかヒットを打つことができないかもしれません。

「もっと自分は成長したい」と思っているのに、結果として負けが多くなってしまうことだってあります。

しかし、たとえ1厘でも打率を上げるために、毎日五分五分の勝負をしているでしょうか。自分の失敗癖、負け癖を、成功癖、勝ち癖に変える努力をしているでしょうか。

まずは、謙虚な姿勢で「本当の意味で自分にダメ出し」をしてみてください。

繰り返し述べますが、失敗というのは誰でもするものです。イチロー選手だって三振することもあるのと同じです。

失敗の内容を自分自身でしっかり把握することが極めて重要であって、同じパターンで失敗していても意味がありません。

違うパターンで良質なトライアンドエラーを繰り返さなければ、そもそも失敗とはいえないということです。

例えば、自分の仕事のやり方にしても、勉強の仕方にしても、「自分はこういうやり方でやってきた」というのは、それはそれで一つの財産になっていますが、それが見方を変えると不良資産になっている場合もありますし、そのやり方自体が自分の限界になってしまっている場合もあります。

それを正確に把握するためには、**自分を外側から客観的に見る視点が必要になってきます。それを脳科学の世界では「メタ認知」と呼んでいます。**

たとえ負け続けていても、やり方を変えながら挑戦していれば、より自分を客観視できる習慣が身についてくるはずです。

負け癖を抜け出す勇気を持って、習慣を変えていこう

自分を客観的に見るというスキルがメタ認知です。

このメタ認知というのは、成功脳と失敗脳を分ける非常に重要なポイントになってきます。

なぜなら、**メタ認知とは自分の思考や行動そのものを対象として、客観的に把握し認識することだからです。**

脳科学的にいえば、人間の脳がこれまで進化してきた過程で、最後に発達してきたのは前頭前野という部位で、この前頭前野の働きこそがまさにメタ認知なのです。

私たち人間が持っている最も重要な働きの一つがこのメタ認知であり、意識の起源その

ものにもかかわっています。

つまり、メタ認知を使って自分を客観的に見るというのは、人間が進化の過程で最後に手に入れた最も高度な働きだということになります。

このメタ認知というのは、実は脳の動作を安定させる働きがあります。

例えば、負け癖がついてしまっている人がいたとします。

自分に「負け癖がある」と気づかないでいると、負け続けていることが自分の宿命のように思えてきてしまいます。

しかし、冷静に自分自身を分析してみると、まだまだやるべきことをすべてやったという自信がほとんど持てないはずです。

そこで、「あ、自分はもっと努力できるはずだ」と気づいたときに、脳の情報処理としては一段階レベルが上がり、自分の意思決定や行動力をコントロールしやすくなります。

失敗脳を持っている人の多くは、このメタ認知で客観的に自分を分析するということができていないようです。それによって、同じ失敗、同じ負け方を何度も繰り返してしまうわけです。

それは、将棋でいう「感想戦」ができていないということと同じで、自分がどの手をどう指したから失敗したのかということを振り返る習慣が持てていないということになります。

「もっとこんなトライアンドエラーができたのではないか」

このように冷静かつ客観的に可能性を探ってみる習慣を身につけてみてください。

世の中の風潮である、「勝者よりも敗者にやさしい」ということに甘んじてはいけません。

また、勝てる勝負しかしない人も、自分に五分五分のプレッシャーをかけてみてください。

負けている状態から勝つ状態になるということは、一つの変化ではありますが、**勝つというのは本来脳にとってうれしいことでもあるのです。**

それを習慣化することができたら、どんなに素敵なことでしょうか。

負ける勝負しかしていない人は、すでに負けるとわかっている時点でどこか本気になっていない、全力を出していない自分がそこにいるはずです。

大失敗できる勇気を持っている人というのは、逆に大成功というブレイクスルーを起こすことができる人です。

つまり、大失敗する勇気が持てない人というのは、大成功もできないということでもあるのです。

メタ認知を活用して失敗の原因を探る

メタ認知をさらにわかりやすく説明するならば、自分が勉強や仕事をしているときに、部屋に取りつけられたカメラが自分のことを映しているような感覚で自分自身を観察しているというものです。

とはいうものの、自分を客観的に観察するというのはなかなか難しいものです。

女性だったら化粧をするたびに鏡を見るでしょうし、男性でも身だしなみを整えるのに毎日鏡を見ていることでしょう。

このような**「見た目」の客観視は比較的簡単なのですが、自分の考え方や行動癖を客観視するのは意外と難しいものです。**

このようなメタ認知をうまく利用しているのが、役者さんです。

役者さんに話を聞くと、演技に集中しているときというのは、このメタ認知をほぼ例外なく発揮しているといいます。

それは、どんな役を演じるにも、どんなシーンにしても、自分自身を客観的に見ることができている自分がいなければ、優れた演技ができないという理由からです。

また、画家などの芸術家も自分の作品のクオリティを知るために、このメタ認知が必要不可欠な能力であるとされており、少なくとも「こんな作品ではダメだ」ということが客観的にわかるということが、芸術家として成功するための秘訣だといわれています。

そういった自分を客観的に見る能力が発揮できているときというのは、実は脳がうまく集中できている時間だと考えられています。

例えば仕事中にしても、Aという仕事をやっているときに、Bという仕事が突然入ってきても、そういった自分の状況を客観的に見ることで、適切な判断ができるようになるのです。

さらに付け加えると、メタ認知によって、たとえBの仕事に切り替えたとしても、またAに戻るという復帰判断も簡単にできるようになります。

すなわち、柔軟な対応がこのメタ認知によってもたらされるわけです。

このメタ認知をうまく活用して、自分の失敗を修正するということができるようになれば、自主性が生まれ、これまでの失敗を冷静に振り返ることができるようになります。

また、このメタ認知によってコミュニケーションを円滑に行うことができるようになるともいわれています。

なぜなら、コミュニケーションに必要な言動を自分自身で冷静に取捨選択できるようになるからです。

しかし、どうしても自分を客観視できないということであれば、そのメタ認知の助けをしてくれるコーチとなる人を見つけるのも一つの方法です。

以前、ある地方の講演会にお邪魔したとき、私はある実験を試みました。

市長とその職員たちを壇上に上げて、私は職員たちに次のような質問を投げかけてみたのです。

「職員の皆さん、市長の欠点はどんなところですか？」

すると職員の人たちは「市長は意思決定がちょっと遅い。もっと早くしてくださると我々も仕事がやりやすいです」と本音を話されました。

そこで市長は「ああ、わかった、そうだよね。じゃあもっと早く意思決定するように心掛けます」ということを答えておられました。

これこそが、他者の力を借りたメタ認知です。

第三者からの愛情あるアドバイスが、ときに自分自身を見つめ直すヒントになることがあるというわけです。

「なりたい自分」は、大抵の場合は誤解から生じている

人間が持つ自己イメージは、現実との間に大きなギャップがあります。

例えば、やりたいことと、できることは必ずしも一致しないということがあります。

私の場合でいえば、小学校5年生のときにモナリザの絵を見に行って、その美しさに魅了されてしまい、「画家になりたい」と思って絵画教室に通い始めました。

しかし、自分には芸術の才能がないのだということに、すぐに気がつきました。

それと同じように、皆に子どものときに抱いていた夢を聞いてみると、「プロ野球の選手になりたかった」「パイロットになりたかった」という答えが多く返ってきます。

ところが、実際にその夢を叶えることができる人は少ないわけです。

これこそ、まさにやりたいこととできることの自己イメージのギャップです。

そのようなギャップが大きくなると、「人生がうまくいかない」「自分の夢など叶うわけがない」といったネガティブな感情に苛まれてしまいます。

しかし、このようなギャップを感じるということは、とても重要なことでもあります。というのも、**なりたい自分ややりたいことというのは、大抵の場合は誤解から生じていて、そしてその誤解を知るということは、成功へ向かっていく上で非常に大切なことだからです。**

自己イメージのギャップを認識することは、別に夢を諦めることではありません。夢というのは、年齢を重ねるごとに変わることだってありますし、一つだけということでもないからです。

プロ野球選手になりたいと思っている子どもが、方向転換してビジネスの世界で生きていくんだと思うことは、出発点であって挫折ではないということです。

思春期のときによく見られるのは、「自分がこうありたい」というイメージと「実際の自分」との間にギャップがあって、それがうまく解決できないで悩んでしまい足踏みしてしまうことです。

これはファッションにたとえるとわかりやすいかもしれません。自分に合わないファッションを一生懸命身につけていても絶対に似合わないと思うはずです。

本当の自分を受け入れるということ、すなわちメタ認知するということを利用して、自分の夢の出発点を再確認してほしいと思います。

それがないと、なかなか成長することはできないですし、成功することもできません。言い換えれば、失敗してしまう人の大きな共通点として、本当の自分を見ていない、メタ認知できていないということがいえるのです。

他人から見た自分をイメージしてみよう

一流と呼ばれているモデルさんは、自分が写真を撮られているときに「被写体として自分はこう映っている」という自己イメージと、実際に撮られた写真とのギャップが極めて少ないといわれています。

そのために、モデルさんは日々自己イメージを自然体で持っていて、自分が一番美しく撮ってもらえる角度、ポーズや表情のつくり方などを、すべて計算に入れて撮影に臨んでいるのです。

その一方で、写真の撮影に慣れていない人、例えば、一般のビジネスパーソンなどは、会社案内などに使用する写真の撮影時などにおいては、ポージングもどこかぎこちなく、どうしても表情が硬くなってしまいがちです。

これがプロのモデルさんと一般の人たちの大きな違いなわけですが、何もそのような技を身につける必要があるといいたいわけではありません。

ここでいいたいことは、**メタ認知というのは自分自身をシミュレーションしていくことでもあるということです。**

そしてこのメタ認知を使って、他人から見た自分をイメージするということは、自分ブ

ランディングの基本ともいえるということです。

例えば、ビジネスパーソンであれば、取引先との打ち合わせで、取引先が自分のことをどう見ているか？　ということを把握するために、メタ認知をうまく利用して自己シミュレーションしていくことは極めて有効です。

このようにメタ認知を利用するということは、実はかなり高度な能力だといえます。

これは、ひと言でいってしまえば「自分で自分を見つめる」ことでもあり、他人から自分がどう見えるかを知るということでもあるのです。

今、経済がグローバル化を推進している中、グローバル企業としてしっかりとメタ認知ができるというのはもはや至上命題ともいえます。

それがすなわち、グローバル企業としての成功や、ビジネスパーソンとしての成長の礎になるからです。

こういったことは、日本だけでビジネスをしている企業やビジネスパーソンにも同じことがいえます。

確かに、日本のローカルだけでビジネスをしているリーダーやビジネスパーソンにとっては対岸の火事のように聞こえるかもしれません。

ですが、自分で自分を見つめることができないことで、失言を繰り返してしまったり、大きな失敗を犯してしまうのは、よくあることです。

特に、企業のリーダーは日頃からそういったトレーニングを受けておく必要があるでしょう。

たとえビジネスが成功したとしても、メタ認知で自己シミュレーションができていなければ、スポットライトを浴びた瞬間に足元を見失い、世間から瞬殺されてしまう危険があるので要注意です。

他人を鏡にして自分を磨け！

私は仕事柄、講演や大学の授業など、人前でお話をする機会が多くあります。

そのようなときは、意外と聴衆のことがしっかりと見えていて、「あいつはちゃんと聴いていないな」などということがわかります。

それは、落語家の方たちも同じだといいます。

お客さんの反応をリアルタイムで見て、ときには話の調整をしているそうで、そのようなことができる落語家ほど、一流と呼ばれているのです。

ところが、まだ半人前の落語家というのは、聴衆の反応が全然見えていないので、自分のペースで勝手に自分の話したいことを喋ってしまいます。

これは落語の世界に限らず、ビジネスの現場でも同じではないでしょうか。

例えば、社長のスピーチや、重要なプレゼンテーションなども、考え方によってはコミュニケーションの一つです。

そのときに、他人の反応が鏡になってフィードバックされて自分を修正できるという人は、やはりそれだけでスピーチやプレゼンテーション能力が高いといえますし、当然評価も高くなっていくはずです。

このように、**メタ認知を立ち上げて個性を磨いていくためには、やはり他人の鏡が必要になってきます。**

そこでは、他人からのシグナルを見落とさないということに尽きるのです。

コミュニケーションにおける失敗は、誰にでもあるものです。

実は、私自身もコミュニケーションでは多くの失敗を経験してきました。

例えば、ついついいい過ぎてしまうことや、その場にそぐわない発言をしてしまったり……。しかし、そのようなときには、必ず周りの人が何かしらの反応をするわけです。

その信号は、周りを注意深く観察していればわかるはずです。

例えば、コミュニケーション中に何かハラスメントのようなやり取りがあったとしましょう。

その相手に「それはハラスメントです」と指摘されたときに、「ああ、いい過ぎたな」と反省することができれば、そこで修正ができます。

ところが、「いや、それはあなたの受け止め方次第でしょ?」という考え方しかできなければ、もうそこから自分の修正ができなくなってしまいます。

そのような失敗は、まさに服を着ないで人前に出ていくのと同じように、他人が見えていないということから起こるものです。

それをいったときに、相手がどう受け止めるかということが見えていないということになります。

コミュニケーションにおける発言で失敗することはあるかもしれませんが、失敗自体を悔やんでも仕方ありません。

失敗したときにそこから学ぶ謙虚さを持ち、他人という鏡を使ったフィードバックから上手に学ぶことです。

メタ認知を稼働して脳の老化を抑えよう

自分を演出するさいに大切になってくるのは、**他人の反応の中にある自分を映す鏡をしっかり見つめる**ことです。

よく「空気を読む」といういい方をすることがあります。ここでいわれている「空気」というのは、すなわち相手の反応のことです。

「日本人は空気を読み過ぎる」。ときに、私たち日本人の間では、このようなことがいわれます。そのときに、「外国人みたいに個性的に生きるためには、空気を読んでいるだけではだめですね」としてしまうと、そこには根本的な間違いが生じてしまいます。

個性的な外国人は決して空気を読んでいないわけではないのです。かえって、そのような人ほど空気を読んでいるものです。

日本人がいう「空気を読む」というのは、空気を読んで**それに合わせるということまで含んでいます。**

ところが、**空気を読んだ上で、あえて個性を出していく**という選択肢もあるわけです。

つまり、本当の意味での「空気を読む」というのは、そこにいる人の数だけの鏡が並んでいる中に、自分が映っているということを理解した上で、行動に移していくということです。

先日、アメリカで人気のミュージシャンであるカニエ・ウェストが、『ＭＴＶ』の受賞式でスピーチを行いました。

すると、スピーチの最後に「私は２０２０年の大統領選に出ることに決めました」といったのです。そのとき観衆は「オーッ」といって大興奮しました。

これらは、一見すればなんていうことのないエピソードかもしれません。

ですが、彼のパフォーマンスはまさにメタ認知によるもので、周りの空気をしっかり読んだ上で、自分という個性を発揮したのです。

それができるということは、自分を客観的に見ている証拠でもあります。だからこそ、自分の個性を発揮し、人々の心を動かすことができるのです。

そう考えれば、日本人でも外国人でも、ビジネスパーソンでもエンターテイナーでも、成功して輝いている人というのは、しっかりと空気を読んでいて、その上であえて個性を出しています。

脳科学的にいえば、他人という鏡を使えず、自分が見えなくなってしまっている人というのは、脳の老化によってメタ認知が弱まっているということにもなります。

メタ認知は、前頭前野という部位によってもたらされるので、前頭前野の衰えともいえるからです。

例えば、年配の方が電車に乗るときに、周りに気を遣わずに我先に席を取るというのは前頭前野の衰えともいえる行動です。

ということは、逆に考えればメタ認知を立ち上げていれば、前頭前野が鍛えられて活性化するので、アンチエイジングにも非常に有効だということです。

メタ認知で現状を正確に把握しよう

2008年にノーベル物理学賞を受賞した、京都大学名誉教授の益川敏英《ますかわとしひで》さんと対談する機会がありました。

益川さんといえば、ノーベル賞の受賞記者会見で「(ノーベル賞受賞は)大してうれしくない」という発言で世間を驚かせたことが記憶に残っているのではないでしょうか。

益川さんから、この発言についての真意を聞くことができたのですが、これがとても興味深い内容だったのでここでご紹介したいと思います。

実は、**益川さんはあのとき自分がノーベル賞を受賞するということを正確に予想していたそうです。**

なぜなら、物理学の専門家や物理に精通している人は、物理学のどの分野がどれくらい進んでいて、どの研究がどれくらいの価値があるかを正確に把握しているものだからです。

私はこの話を聞いたときに、「面白いことをいう人だな」と思っていたのですが、よくよく考えてみれば、**それこそがまさにメタ認知が発揮されていたということだったわけです。**


例えば、まだ若手で駆出しの研究者が、「自分の研究も悪くないんだけどな、ノーベル賞もらえればいいな」というのは、あいまいな憶測に過ぎないので、メタ認知がしっかり働いているとはいえません。


それは文学の世界でも同じです。

村上春樹《むらかみはるき》さんにしても、たびたびノーベル賞候補として名前が挙がっていて、日本のマスコミも毎年のように騒いでいます。

ですが、村上さんご本人は賞に対する価値観としては淡泊だと思うのです。

それは、メタ認知が働いて、自分の作品を冷静に分析・把握しているからに他なりません。

もし、世界文学の状況をしっかりと把握している人がいたら、冷静に「今年はこの人が取るだろう」と予想できるはずです。

そのようなことで、**益川さんは自分たちの研究はその年にノーベル賞を取るとわかっていたということです。**

これが、究極のメタ認知といえます。

益川さんのように、メタ認知によって自分の置かれた状況を正確に把握することは、それが優秀な研究者の一つの条件でもあるということです。

自分の研究の意味や価値をわかっているからこそ、いい研究もできるわけです。

これはビジネスパーソンも同じで、自分のやっている仕事の意味や、マーケットの中における価値、自分の能力やスキルレベルがどの程度かというのが完全にわかっている人というのは、あいまいな幻想を抱くことはありません。

しかも、いろいろな角度から自分を見ることができているのです。

つまり、メタ認知の鏡がいろいろな角度からいくつものカメラによって見えているということです。

1カメで見ている人生もあれば、2カメ、3カメで見ている人生もあるということです。

このように、さまざまな角度から自分の状況をしっかりと把握できれば、やるべきことも正確に見えてくるものです。

常にもう一つの可能性を探ってみよう

「多様性こそが、イノベーションにおいては大事だ」

このようなことがしきりにいわれている昨今ですが、これは脳科学的な立場からもその通りだと断言できます。

というのも、**多様性がなければ、自分の特性がメタ認知による鏡に映らないからです。**

実は、人間は似たような人と一緒にいるとメタ認知が立ち上がりにくいという性質があります。

例えば、修学旅行に来ている中学生たちがいたとしましょう。

彼らが集団でいるときにはメタ認知が働いていないので、みんなでワーッと騒いでいても、騒いでいる自分たちがどう見えているかということをわかっていません。

ところが、彼らも家族と出かけているときはまったく様子が違うはずです。

それは、お父さんやお母さん、そして周りの人からどう見えているかということを意識している、つまりメタ認知が働いているからに他なりません。

このメタ認知をビジネスに有効利用し、多様性を持った視点で物事を考えることができれば、イノベーションを起こすことも十分可能になってきます。

なぜなら、**メタ認知は別のいい方をすれば、「常にもう一つの可能性を意識している」ということでもあるからです。**

ビジネスの現状をそのままとして受け止めるのではなく、常に違う視点で思考する癖づけをしていれば、「プランB」という名のイノベーションが起こりやすいのです。

私自身も、常にプランBを意識して仕事に取り組んでいます。

特に自分が仕切っている研究室では常にプランBを考えて、「こういうやり方もいいよね」と考えるように意識しています。

ビジネスのやり方一つでも、プランAというやり方が習慣だからやり続けるというのは、やはりメタ認知が立ち上がっていない状態なので、イノベーションは起こりにくいといえます。

ただし、プランBを選択するときには注意も必要です。なぜなら、私たち人間はときに「希望的観測」を持ち出してしまうことがあるからです。

これもまた、メタ認知がちゃんと働いていない証拠だといえるわけですが、これは完全に失敗脳の典型例といってもいいでしょう。

子どもの頃からみんなが見ているファンタジーはまさにそういった構造であり、「メイクアウィッシュ」で願い事をすると叶えてくれるみたいな幻想に近いといえます。

このように、メタ認知がしっかりと働いていないときというのは、どうしてもベストシナリオを考えがちになります。

ところが、大抵の場合でいえばベストシナリオでうまくいくことはまずないといえますので、メタ認知のアシストを借り、成功するためのリアリストになる必要があるのです。

それは、ピンポイントで「これはもう失敗のしようがない」というくらい、いろいろなことを考えてビジネスを進めていくべきだということです。

他人を理解するための人間観察に取り組もう

ビジネスで成功している人の共通点とは何でしょうか。

それは、**人間観察に優れている**というものです。

成功者は常に多くの人とかかわり合い、さまざまな人たちのサンプルを取って、どんな相手でも理解する努力を惜しみません。

なぜなら、**できるだけ多くのサンプルを見なければ、実際に相手のことがわからないか**

らです。

自分という人間がどういう人間かということを知るためにも、いろいろな人のサンプリングで比較し、自分の個性やユニークさを磨いていくべきです。

つまり、**人間観察というのは、メタ認知を立ち上げるときには、すごく大事なファクターになるということになります。**

他人を理解するということは、ほぼ例外なくビジネスの成功の最も大きなポイントになります。

私が講演などでよくする話として、次のようなものがあります。

例えば、若いときには「自分が幸せになりたい」と思って、自分のために努力するわけですが、それだけだと一人分のエネルギーしか出ません。

ところが、「他人を幸せにしたい」と思ったときというのは、百人分、千人分のエネルギーが出るものです。

このようなマインドというのは、成功者の多くが持ち合わせているものなのです。

つまり、**自分のためにだけ頑張っているうちは、メタ認知がうまく立ち上がっていない状況だといえます。**

そして他人のために頑張っているとき、初めて他人が見えてくるわけです。この「他人のために」ということをより具現化していく作業が人間観察だということです。

それは、このような本づくりにしても同じです。

やはり「読者が何を求めているのか」ということを考えなければなりません。他人が見えていなければ、読者のニーズとマッチングさせることはできないからです。

市場で売れている本というのは、おそらく人間観察によってニーズを吸い上げ、「世間の人はどういうものを読みたいと思っているのだろう?」という考えのもと、つくられたものであるはずです。それがベストセラーを生み出す秘訣ではないでしょうか。

これと同じことがビジネス全体にもいえるわけです。

人間観察を的確に行うためのトレーニングとして、自分や他人にあだ名をつけることを試みてはいかがでしょうか。

私は子どものときに、友達から「昆虫博士」とか「蝶々博士」といわれていました。

それはまさに、当時の私をよく表しているあだ名だったと思います。

しばらく前に、有吉弘行《ありよしひろいき》さんに「賢いホームレス」というあだ名をつけていただいたのですが、実はこれが何気に気に入っています。

このあだ名は、単に見た目などではなく、その人の生き方と一致するようになるとすごくいい流れになってくるでしょう。また、人よりも何か突き出た才能をあだ名にするのもいいでしょう。

このようなトレーニングはメタ認知を立ち上げる上で、大きなステップになるはずです。なぜなら、それができている人はコミュニケーションがうまくいっている証拠でもあるからです。

例えば、私の愛弟子である植田工《うえだたくみ》くんは、自分のことを「私、茂木先生のかばんを持たないかばん持ちです」といっています。

かばんを持たないかばん持ち、なかなか見事なキャッチフレーズだと思います。

また、植田くんはアートの仕事をしているのですが、「私、絵を描いています。でも恥のほうが多くかいているんです」といったこともよくいっているようです。彼は、自分のことがしっかりと見えているように思います。

このようなあだ名をつけてみる、あるいは自分をしっかり見つめて自己紹介してみるということを、学校や会社で取り入れてみても面白いかもしれません。

もちろん、ハラスメントにならない程度にやることをお忘れなく！

他人の視点の助けを借りて自分を見つめ直す

自分で自分自身を客観的に見るのがメタ認知だと説明しました。

実は、**自分で自分を見るメタ認知と、自分が他人を見る行為というのは、実は同じ脳の回路が使われている**ということをご存じでしょうか。

これは脳科学の世界で、**「ミラーニューロンの理論」**と呼ばれています。

１９９６年にイタリアの脳科学者、ジャコモ・リゾラッティらによって大脳皮質の前頭葉に発見された神経細胞がミラーニューロンです。

このミラーニューロンは、その名前が示すとおり、**自分の行為と他人の行為は、まるで鏡に映したようにトレースされる**ことを意味しています。

例えば、自分と向き合っている相手が、悲しいはずなのに、ニコニコと笑っているとします。

「なぜ、悲しいのに笑っているのだろうか」

そのようなことを推理するためには、自分の過去の体験や社会のことまで含めて、総合的に考えていかなければなりません。

「悲しいはずなのにどうして笑顔なのか。そういえば自分も同じような状況に置かれたことがある。今の状況を考慮すれば、笑顔をつくらざるを得ないのだろう。この人の性格を考えてみても、きっと我慢しているのだろう」

このように考えるのは、まさに、**自分の心を観察して、「こういうときだったら自分も悲**

しいだろう」と共感する能力が働いているからです。

このミラーニューロンがあるからこそ、相手の心という目には見えない微妙なニュアンスを理解する、あるいは考えを巡らせることができるのです。

言い換えれば、他人の目を借りて自分のやり方を客観視するというのは、失敗のスパイラルから抜け出す大きなきっかけになるということです。

自分の問題意識に気づけるということは、成功へのステップになり得るのです。

その気づくという感覚を磨く一つの方法が、**「他人から指摘されることに注意を向ける」**ということです。

他人と自分が向き合うことで、他人に映る自分が見えてくる。それが自分を客観的に見つめるきっかけになるのです。

自分がこうだと思っても、他人から見るとこうである。

それをいわれて初めて「そうか、自分には確かにそういうところがある」と気づくことも多いのではないでしょうか。

それが、**「他人の視点の助けを借りて自分を見つめ直すことができる」**ということの本質です。先にご紹介した、部下から指摘され、自らの行動を見直した市長の事例は、このことを指しています。

そしてもう一つ、自分を客観視するということは、すなわち論理的な思考能力が身につくことになります。

論理的な思考というのは何によって生み出されているのでしょうか。

それはまさしく言語、つまりはコミュニケーションによってということです。

人間は言語があるからこそ、考えるという作業ができ、人と話すことができるのです。

そう考えれば、ミラーニューロンとは、他人と柔軟にコミュニケーションを取る人間の能力を支えているということです。

以前、「個性を主張するのもいいが、他人と協調することも大切だ」とする論者が散見された時期がありました。

ところが、個性の発揮と他人との協調が相容れないとするのは、脳科学の視点から見れば大きな間違いでもあります。

それは、このミラーニューロンの能力に象徴されるように、**個性はむしろ他人との関係性においてこそ磨かれる**からです。

他人の心という鏡に映った姿を通して、私たちは自分の本来の姿を知ることができるのです。

自分の最大の欠点のすぐそばに最大の長所がある

確かに、自分の姿を鏡に映して、ありのままに見るというのは恐いことかもしれませんが、心の鏡をまったく見ないで他人の前に出るというのもまた、それはそれで恐いことではないでしょうか。

例えば、ひと昔前のハリウッド映画を思い出してください。

海外の人が描く日本人像に、少なからずショックを受けたことがあるのではないでしょうか。

「いや、今の日本人は『ゲイシャ、フジヤマ』だけじゃない」と反論したくなるほどに……。

それと同じように、グローバルな時代に日本人が世界で活躍するためには、まずは自分たちの長所と短所をしっかりと見極めなければなりません。

他人からどう見られているかという、そのイメージをキチンと把握することが、その良し悪しは別として、自分たちの問題点を改善する非常に大きなさっかけになります。

私の場合でいえば、ツイッターがミラーニューロンの働きを担ってくれています。

私自身が他人にどう見られているか、脳科学がどう見られているか、本を書くということをどう見られているか、テレビに出ていることをどう見られているかというように、いろいろなことが他人という鏡を通して見えてきます。

それを前提に活動できると非常に効果的です。

確かに、ソーシャルメディアの中にいるかどうかは、現代においては今の同時代性を支える一つの基準になっているものです。

場合によっては、ソーシャルメディアは誹謗中傷するようなものも含めてあるわけですが、そこも含めていろいろなものがサラウンドで聴こえてくることがあります。

自分の最大の欠点のすぐそばに、自分の最大の長所があるものです。

つまり、人間の個性というのは、プラスとマイナスが表裏一体だということです。

そう考えれば、「自分は変わることができるんだ」という勇気を持つことは恐れるものではありません。

ときには、他人と意見が違っている場合もあるでしょう。しかし、それを「恥ずかしい」などと思わずに、自分を伸ばすチャンスであると考えてみてください。

特に、今の若い人によく見られることですが、自分が恥ずかしいと思うとついつい目をつぶってしまいます。

しかし、たとえ自分が目をつぶっていても、他人からはしっかりと見えています。

自分のありのままの姿を見ないようにするというのは、脳も恐がっているときの反応です。

しかし、それが習慣になってしまうと、結局のところ失敗から一歩も前に進めません。

どんなに恐くても、とにかく自分のありのままのすべてを見つめるように心掛けてみてください。

そして、それが他人にどう見られているかということを、できれば自分なりの採点基準を設定して数値化することもお勧めです。

もちろん数字がすべてではありませんが、数字がないのとあるのとでは、やはり自分の見え方がまったく違ってくると思います。

それができれば、あとは失敗を恐れずに成功に向かって挑戦を続けるだけです。

第5章

成功脳をつくる習慣を身につけよう

肩書きで人間を見る時代は終わった

今の時代で成功している人の共通点として、**「マルチタスク」**という言葉がしっくりあてはまります。

一つのジャンルの中だけで仕事をする、あるいは毎日決まりきった狭い範囲で働いていても、なかなか成功には至らないものです。

これはビジネスパーソンをはじめ、公務員や大学教授にしても、これからの時代を勝ち抜く上でのポイントになってきます。

ネットがこれだけ普及した今、人とのつながりや情報収集一つとっても、時代はボーダーレスに移り変わってきました。

これと同じように、これからの働き方もまた、ボーダーレスであるべきだというのが私の持論でもあります。

そこで、マルチタスクでいろいろなことを切り替えて、しかもその間の優先順位をダイナミックにつけられるという脳の能力が求められています。

私はこれを「マルチタスク脳」と呼んでいます。

一つの文脈に浸ってしまっている人ほど、意外とそういったマルチタスク脳の使い方ができていないケースが見られます。

私は、このマルチタスク脳で自分自身が進化・成長してきたと実感しています。

私は脳科学者として研究所で研究をしたり、学会で発表する、論文を書くといった仕事があるわけですが、その他にも、私の仕事（タスク）は多岐にわたっています。

例えば、全国各地で講演をする、本や雑誌の原稿を執筆する、テレビやラジオのコメンテーターとして話をするなど……。

その他にも突発的にさまざまな仕事があります。

このようなマルチタスクを日々やらなければいけないときに、「自分は脳科学者だから」といった固定概念に縛られていては、人に必要とされたり、自分の幅が広がっていくことはありません。

先日、お笑い芸人の西野《にしの》亮廣《あきひろ》さんとテレビ番組でお話しする機会がありました。

そのとき私が西野さんに抱いたイメージは、まさにマルチタスク脳の持ち主であるということでした。

西野さんは「キングコング」というコンビ名でお笑い芸人をやると同時に、絵を描くことも仕事としてやっていて、最近では絵本も出版したそうです。

そんな西野さんは、毎日6時間以上絵を描いているそうなのですが、世間の人からすれば西野さんは芸人さんで、絵を描くことは副業にしか思っていないかもしれません。

しかし、実質を見れば毎日6時間絵を描いている西野さんのほうが、ひょっとしたらプロのイラストレーターよりも多くの絵を描いている、あるいはプロ意識が高いことだってあるかもしれません。

つまり、今は、**肩書きで人間を見る時代ではない**ということです。

また、ビートたけしさんもまさにマルチタスク脳を持っている人の好例ではないでしょうか。

漫才はもとより、テレビのＭＣや映画監督、さらには小説も書かれて、絵も描かれる。極めつけはタップダンスも踊られるというから驚きです。

このように自分を固定化することなく、マルチなことをやらなければ、今のボーダーレスな社会で成功することは難しくなってきているのではないでしょうか。

対等なコミュニケーションこそが、成功を引き寄せる

成功するために欠かせないもの。それは人間関係です。

コミュニケーションや人の協力といったように、自分一人の力だけではなく、**周りを巻き込む力**が必要になってきます。

では、成功している人の多くが実践している人間関係のつくり方とは一体どのようなものでしょうか。

成功している人たちのコミュニケーションの基本は、**「常に対等である」という意識を持っている**ということです。

実は、この対等なコミュニケーションというのは、脳科学的な知見からも理にかなっているといると断言できます。

というのも、例えば、会社組織やチームにおいて、「あの人のほうが偉い」「自分のほうが偉くない」という権力構図が決まっている場合には、どうしても相手の心を動かせるような、本気のコミュニケーションが図りにくいからです。

そこで、相手の年齢や肩書き、あるいは経験値に関係なく、対等なコミュニケーションを実践することが人間関係をうまく構築する前提条件となります。

Googleや Facebookといったアメリカの I T企業で働いている多くの人たちが、Tシャツにジーンズというラフな格好で過ごしているのは、会社における役割は違うものの、そういったフラットな人間関係を意識しているためであると私は感じています。**たとえ相手が社長や上司であっても、本音をいい合える人間関係こそがビジネスを成功させる大きな要素になっているのです。**

もはやいうまでもありませんが、対等なコミュニケーションとは、ただ馴れ馴れしくしたり、タメ口をきいたりすることではありません。

対等なコミュニケーションの本質とは、まずは相手をしっかりと敬い、思いやりを持ってお互いの考え方や行動に対して本音で意見をいい合うということです。

これは、科学の世界でも同じです。

私たち脳科学者も、キャリアに関係なく、お互いに自分の思っていることをいえる環境が整っています。そうでなければ、やはり綿密な議論はできないからです。

ところが、一般的な会社組織では、そのような対等なコミュニケーションを図るのが難しいのではないでしょうか。

部長に対して「部長、それは違います」などといえば、たちまち出世に響いてしまう。あるいは、「あいつは生意気だ」と思われてしまう……。

理想的なコミュニケーションというのは、例えば、会議でも役職に関係なく誰でもフラットに発言できるという状況をつくっておくことによってもたらされます。

そうすることで、さまざまな視点からのアイデアが飛び出してくるはずです。

確かに、部下や新入社員のほうから対等なコミュニケーションを実践していくのは難しいかもしれません。

そのようなときは、ぜひとも社長や上司、そして先輩が率先して、下にいる人たちをリラックスさせてあげて、対等なコミュニケーションが取れるように心掛けてみてください。

どんな人とも ゼロベースで付き合う

成功している人たちに共通することは、対等なコミュニケーションを実践しているところであると述べました。

コミュニケーションが苦手な人ほど、キャリアや肩書き、あるいは名声を気にし過ぎたり、逆にそれらを自分の武器として相手に振りかざしてしまう傾向があるのではないでしょうか。

しかし、**本来あるべきコミュニケーションの姿とは、どんな人でも「ゼロ」から出発できるようなものだと私は考えています。**

では、ここで一つ、心が温まるエピソードをご紹介したいと思います。

天才物理学者であるアインシュタインがノーベル賞を受賞した後、アメリカのプリンストンにある自宅に、ある一人の少女が訪ねてきました。

その少女が「数学を教えてほしい」とお願いすると、アインシュタインは嫌な顔一つせずに家庭教師を引き受けたのです。

この少女の母親は、娘が時々どこかへ出かけていくことを不思議に思い、少女に「あなたはいつもどこへ出かけているの？」と尋ねると、その少女は次のように答えました。

「あるとき、数学の宿題の中に解けない問題があって困っていたの。

そしたら友だちが『あなたの近所には、アルベルト・アインシュタインという頭のいい人が住んでいる』って教えてくれたの。

そこでわたし、そのアルベルト・アインシュタイン先生をお訪ねして、宿題を教えてくださるよう頼んでみたの。

そしたら、アインシュタイン先生はとってもよい人で、よろこんでわたしの困っている問題を説明してくださったの」

少女の母親は、この話に心底驚きました。

なぜなら、自分の娘がノーベル賞を受賞するような世界的権威である学者のアインシュタインに宿題を教えてもらっていたからです。

すぐに、少女の母親はアインシュタインの所へ行ってお詫びをしました。

ところが、アインシュタインは次のような話をしたといいます。


「いやいや、そんなにお詫びをする必要はありませんよ。

あなたのお嬢さんと話をすることによって、お嬢さんが私から学んだこと以上のことを、私はお嬢さんから学んだのですから」


これがまさに、ゼロから出発したコミュニケーションの好例ではないでしょうか。

アインシュタインほどの天才物理学者が、近所の女の子に自分の「正体」を自慢するでもなく、ましてや偉ぶらないで、まったく対等に話していたというのです。

そのようなコミュニケーションこそが理想なのです。

基本的な人間関係というのは、ほぼ例外なく緊張から入るのが普通です。

おそらく、アインシュタインですら、いきなり知らない少女が家に訪ねてきたときには緊張したかもしれません。

しかし、そこからどんな相手とでも打ち解けることができるかということが重要になってきます。


ではなぜ、近所の少女がアインシュタインと打ち解けることができたのでしょうか。

これは私の推論ですが、その少女は「自分は数学が苦手だ」ということを、素直にさらけ出したからではないでしょうか。

実際に、私自身もコミュニケーションは苦手なほうでした。

講演会にしても、はじめは人前で何を話していいのかわからないときもあったくらいです。

しかし、有吉弘行さんに「賢いホームレス」というあだ名をつけられたことや、「学生時代に彼女にフラれて法学部に進んだ」といった、自分の弱みみたいなものをさらけ出すと、聴衆のみんなが笑ってリラックスしてくれるため、一気にゼロベースになることができるわけです。

そして、そこから本質的なコミュニケーションがスタートしていくのだと思います。

「誰でも人間としての価値は同じ」と思える人こそ、成功脳の持ち主

「人間はみんな平等である」

そのようなことを本気で思っている人は、どれくらいいるでしょうか。

私は仕事柄、成功している起業家や社会に認められている人にお目にかかる機会が多くあります。

そのような人たちに共通するのが、先にご紹介したアインシュタインのような**謙虚な姿**

勢で平等なコミュニケーションを実践しているということです。

確かに、一部の成功者の中には「俺は偉いんだ」「特別扱いされて当然なんだ」と思っている人がいるのも否定できません。

また、特に旧態依然のビジネスパーソンほど、「どこの大学を出たんだ?」「会社はどこに入ったんだ?」「どれくらい出世したんだ?」「住んでいる家はどこなんだ?」というように、人をランク付けしたがる人がいます。

しかし、そのような人というのは、本当の意味で人に信頼されたり、人に愛されたりすることはないのではないでしょうか。

その一方で、とても謙虚な姿勢でコミュニケーションを図っている方というのは、誰からも愛される素敵な人たちです。

あえて一人挙げるならば、数々の名作をこの世に送り出している映画監督の大林《おおばやし》宣彦《のぶひこ》さんです。

大林監督は、世間に認められた、いわば成功者です。

それにもかかわらず、常に謙虚な姿勢で周りの人を和ませてくれます。その人情味が、まさに大林監督の作品にも表れています。

私は、これからの時代こそ、このような謙虚で平等なコミュニケーションが必要になってくると思います。

たとえ失敗した人でも、成功した人でも、人間としては価値がまったく同じなんだと本気で思っている人が、やはり成功を掴んでいるからです。

私は学歴社会に対して、これまで何度も異議を唱えてきましたが、最近よく口にする言葉は、「勉強ができるというのは、一つの欠点ですらある」というものです。

講演会などでこのような話をすると、会場がどよめくこともあります。しかし、これは私の実体験に基づく根拠ある話なのです。

勉強ができるというのは典型的なオタク体質だということがいえます。

オタクというのは、やはりコミュニケーションが苦手な人が多く、広い世界が見えていないことが一つの欠点として浮かび上がります。

さらにいえば、オタクは他人と何かをするといったコラボレーションが苦手という側面もあります。

このような根拠をしっかり説明すると、多くの人が納得するのです。

勉強が苦手な人のほうが、コミュニケーションが得意であったり、人と何かをコラボレーションすることがよりスムーズに行えています。

そのような人は、起業をして成功する可能性が高いともいえます。

どんな人も平等であり、それぞれ欠点と長所があって、見方を変えればそれが立派な個性であるということがいえるのです。

「セカンド・コミュニケーション」で視野を広げよう

自分で「これが失敗だ、負けだ」と思っていることが、実は、世間で考える失敗や負けではない可能性があります。

そのようなことを、人とのコミュニケーションから学ぶこともできるのではないでしょうか。

私はそれを、**「セカンド・コミュニケーション」**と呼んでいます。

これは、医療における「セカンド・オピニオン」と同じ考え方であり、それを日常のコミュニケーションに応用するというわけです。

何かで失敗してしまったときに、誰かとコミュニケーションを図ることで「こういう見方や考え方もあるから失敗とはいえない」ということがわかると、かなり気持ちが楽になるのではないでしょうか。

ただし、これは「ポジティブ・シンキング」とはまったく意味が違います。

ポジティブ・シンキングというのは、どこか無理やりに「何でもポジティブにならなければいけない」といった意識が働いてしまうものです。

ところが、セカンド・コミュニケーションというのは、他者とのコミュニケーションによって、もっと柔軟な見方や考え方をすることができるようになり、脳の働きが活性化されるということです。

そこには、**無理強いした感情などまったくありません。**

ではここで、皆が固定概念を抱きがちな次のテーマについて検証してみましょう。

私自身の考え方をご紹介してみましたので、セカンド・コミュニケーションのサンプルとして参考にしていただければと思います。

【テーマ】
その人の人生は、出身校の偏差値によって大きく左右される？

私自身も東大を出ているので、よく「エリートですね」などといわれることもあるのですが、ＴＥＤのコミュニティやケンブリッジの天才たちを間近で見てきているので、私は、「大学の価値は偏差値では決まらない」ということを、本気で思っています。

最近、「〇〇大学を出ているから、この人は苦労した」といった内容の記事がありました。

では、本当にその人が苦労している理由とは、出身大学のせいでしょうか。

私はどうしてもそうは思えません。

そういった大学をランク付けするような発想をしていると、やはり脳の働きとしても多様性を見出すことはできません。

どの大学に行った人でも、学力では測れないような個性があるはずではないでしょうか。

もちろん、学力で測れるようなことについては、一流大学を出た人のほうが高いのかもしれませんが、ビジネスの現場で学ぶようなことについては、まったくフラットだと思います。

是非、自分とは違うバックグラウンドの人とセカンド・コミュニケーションを図ってみてください。

そこで生まれた柔軟な見方や考え方で、ビジネスの進め方やモノの価値観を見てみることで、自分の才能に気づくことがあります。

それによって、実は失敗も成功の糧になるようなチャンスに変わることがあるかもしれません。

ウォーキングなどの運動をすると思考が整理できる

現代社会において、「運動ができている」というのは、ある意味では成功者の一つの指標といっても過言ではありません。

なぜなら、毎日忙しくしているビジネスパーソンが、あえて運動する時間をつくるためには、ビジネスでも欠かせないさまざまなスキルが必要になってくるからです。

「スケジュール管理ができる」「隙間時間を見つけられる」「健康に気を遣っている」など、といったことです。

成功脳を手に入れるためには、ウォーキングをはじめとする運動も極めて効果的といえます。

例えば、オフィスでルームランナーを使い、歩きながら物事を考えることで「ひらめき脳」が活性化するという研究結果が出ています。

これは、「引き込み現象」という脳活動により、運動したほうが思考リズムができ、集中力が引き込まれて想像性が起きやすくなるからです。

さらには運動をすることで、脳内で働く神経伝達物質のβエンドルフィンが分泌され、脳全体が活性化するということもわかっています。

このような運動系の脳活動というのは、脳回路の中でも占める割合が大きいので、やはり基本的には運動はしたほうがいいというのが脳科学者としての意見です。

もちろん、そこには気分転換という意味合いも含まれています。

仕事で行き詰まったときや、ストレスを感じているときに運動をすることで、**「無意識を耕す」**作用があるからです。

特に、**自分ではコントロールできないようなさまざまなコンディションを整える**ために、ウォーキングをしたり、運動をするというのはいいことです。

私自身も、仕事での移動はなるべく電車やタクシーなどを使わずに、ウォーキングをすることを心掛けています。

また、ストレスマネジメントの一環として、たとえ地方出張に行っても、できるだけジョギングをするようにしています。

それによって、**脳がアイドリング状態のときに活動する神経活動である「デフォルト・モード・ネットワーク」が脳内を一度きれいに整理してくれて、思考バランスを回復させてくれるのです。**

さらにいえば、**運動をする習慣を身につけると、決断力がどんどん養われていきます。**

これは、私自身の経験談でもあるのですが、例えば、朝起きて仕事をしていると、それを中断して運動をするということを、なかなか決断できないときがあります。

なぜなら、脳というのは今やっていることを続けているほうが楽だからです。

しかし、そのとき一時的に仕事を中断する勇気を持って、ランニングパンツに着替えて走りに行くということ自体が、決断できているという指標でもあるわけです。

このような運動を続ける秘訣は、絶対にムリをしないということです。

例えば、雨が降ったり、体調が悪いときには休んでもいいというくらいの気持ちでやるほうが長続きします。

真面目な人ほど、運動ができなかったときに「ああ～、やっぱり続けられなかった」となってしまいがちです。それで運動自体を止めてしまうことになってしまってはもったいないのです。

「昨日までのことは置いておいて、今日ベストを尽くせばいい」

それくらいの気持ちを持つことが、運動を続けられるかどうかの非常に大きなポイントなのです。

このような**「ベストエフォート方式（最大限努力はしてみる）」**という考え方は、運動のみならず、ビジネスでも有効な考え方です。

ベストエフォート方式が、成功へのスピードを加速させる

自分の現状を再確認したとき、自分の目標と現状がかけ離れた状況にある。そんなときは、焦燥感みたいなものが生まれてきてしまいます。するとどうしてもうまく行動に移せないという感情が生まれてくることがあるのではないでしょうか。

そのようなときの解決方法としては、先に述べたベストエフォート方式が有効です。

ベストエフォート方式を実践する上でのポイントは、**完璧を求めずに、ちょっとでも何かを達成した自分を褒めてあげる**というものです。

完璧主義でオールオアナッシングではなく、自分のできる範囲で、ベストを尽くして確

実に何かを積み上げていくのです。

「ベストエフォートでいいんだ」と思えれば、続けやすいだけでなく、圧倒的に成果を上げることができます。

少しでも何かを達成した自分を褒めるということは、実は脳にとって極めて大切なことでもあるのです。

たとえ自分の目標としていることからまだ遠い段階の小さな一歩ずつであっても、足踏みをしているよりは絶対にいいはずです。

とにかく一歩でも前に進む、進んだほうがいいという判断ができれば、それが目標へ到達するためのベストエフォートなのです。

もちろん、なかなか目標に到達できないこともあるでしょう。

地平線の向こうにある目的地に行こうとしているとき、今一歩だけ進んだとしても、どれくらい近づいたかわからないかもしれません。

しかし、進まないよりは進んだほうが確実に目的地に近づいていることは確かです。

また、このベストエフォート方式で確実に進んでいくために必要なのは、**失敗した自分を責めない**ということです。

人間は誰でも失敗してしまいます。ときにはサボってしまうこともあるでしょう。そのときに自分を責めて投げやりになってしまうケースが多いのですが、実はメタ認知は自分の失敗した過去を清算してくれる働きがあるのです。

反省とメタ認知は非常に近い存在だともいえるので、サボってしまった自分をとにかく反省して、改善点を見つけていく努力をしてみてください。

そして、脳の仕組みは、「非線形である」ということも大切なポイントになります。

これは、「神経細胞は非線形素子である」といういい方をすることもありますが、つまり、**1＋1が2以上になるのが脳の特徴でもある**ということです。

これは、一つひとつのステップが小さくて、あまり進歩していないように見えていても、ふと気づくと1＋1が100にも1000にもなる瞬間がやってくるということなのです。

それが、脳が持っている非線形の成長グラフです。

このことは、自分の目標と現状がだいぶかけ離れた状況にあるときの後押しになってくれるはずです。

遥か向こうのオアシスに向かって歩いているときには、一歩進んだだけでは何も変化を感じることはできないかもしれません。

しかし、一歩また一歩と歩いていけば、あるとき急にスピード感がアップしてオアシスに着いてしまったということがあるということです。

これは、誰もが経験をしていることだと思います。

例えば、自転車に乗る練習のときに、最初は補助輪がなければ乗れなかったとしても、ふとした瞬間に突然自転車に乗れるようになるようなものです。

そのときのフワっとした感じに近いものだといえます。

自分の目標に近づくために地道に進んでいくうちに、脳の中の神経回路は着実に変化し、あなたを成功へ導くスピードを加速させていってくれるのです。

脳が持っている非線形の成長グラフ図

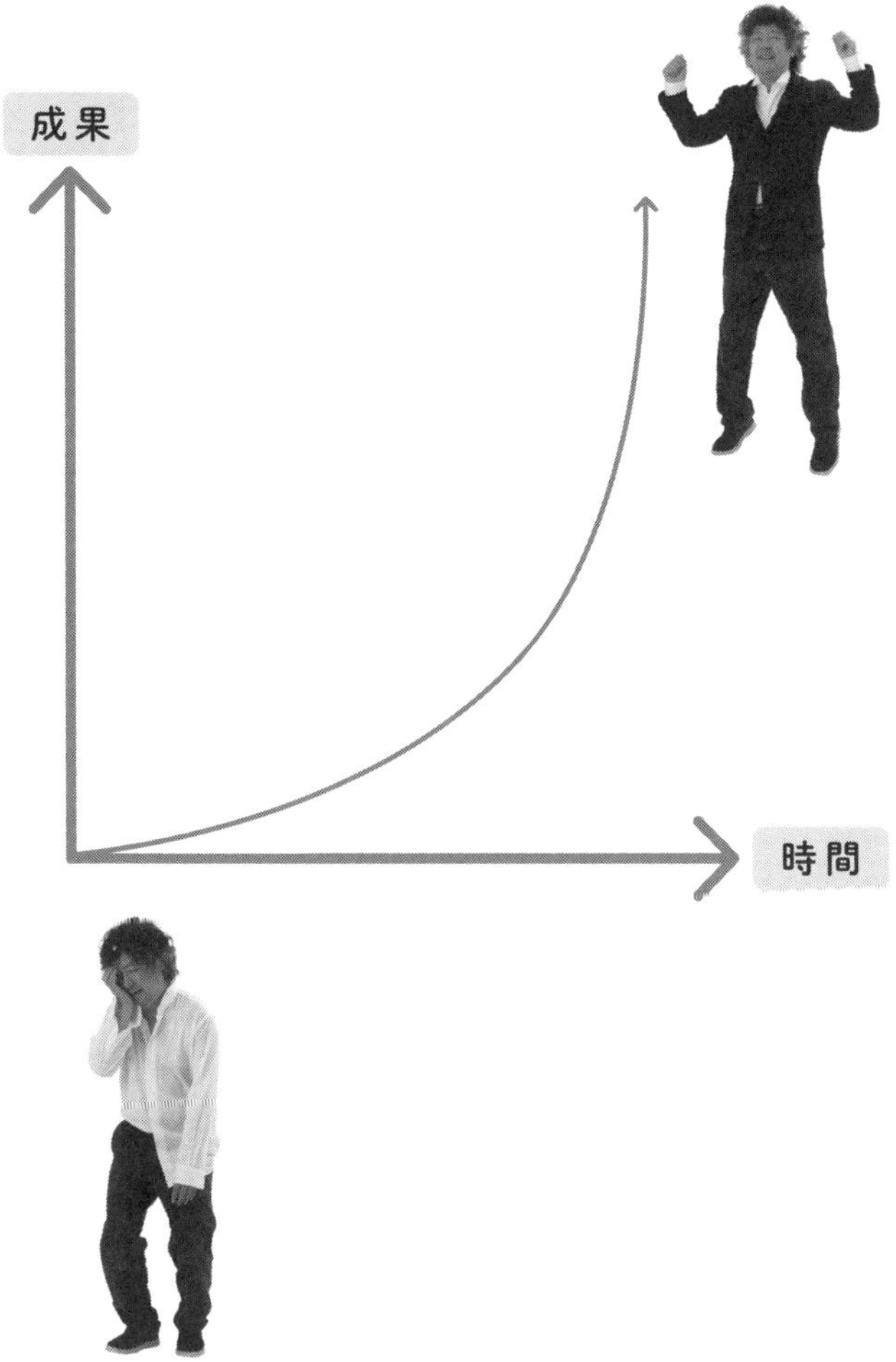

中長期ビジョンを持てば成功脳はさらに動き出す

「世の中の見方が変わるような何かを見つけたい」

これは、私自身が持ち続けている長期的なビジョンです。

そのために、今やっていることがどういう意味があるのかということは、常に考えて行動しています。

その一方で、目の前の仕事に集中して取り組んでもいます。それは原稿の締め切りであったり、人との約束であったりというものです。

人間一人ひとりの人生というのは本当に複雑です。

100％目標や課題のために、そして与えられた任務のために稼働している人工知能と人間は、やはり違います。

そう考えれば、**とにかく人生においては、やはり目標を定めることが出発点であるといえるのではないでしょうか。**

そして時々、北極星で自分の立ち位置を確認するかのように、自分の目標を思い出してみる。あるいは、一度立ち止まって自分の目標と向き合ってみるのです。

そこで、あなたの人生における中長期的なビジョンを確認してみてください。

ある程度長いスパンで続けられる目標をつくってみることで、成功脳がさらに動き出していきます。

例えば大学入試は、確かに、自分の成功を左右する人生の分岐点ともいえるかもしれません。しかし、それも、せいぜい18、19歳までで終わってしまいます。

それにもかかわらず、いつまでもその成功体験が忘れられなくて、そこに留まっている大人が意外と多いと感じます。

そうではなく、常に新しい目標を定めてほしいのです。

大学に入ったらそこでまた新しい目標を立てて、社会人になったらそこでもまた新しい中長期的なビジョンを自らの意思でつくり出してみてください。

確かに、人生の終わりまで輝くような目標を持ち続けるのは、並大抵のことではありません。

しかし、その時々に立ち止まって目標を立ててみてください。また、それこそが「人生の夢」ということになるのではないでしょうか。

人生の目標が見つからないという人は、言い換えると、この長期的なビジョンがないということです。

それでは、やはり羅針盤のない船のように迷走してしまいます。

仮に、立てた目標が間違っていたとしても、そこからまたやり直せばいいだけです。

「前向きに何でもやってみる」ということが最も重要

人生という絵は、最初は一本の線から始まります。

一本の線を描いているときに、それがいずれ大きな絵になるということは、絵を描いている本人が想像していくものです。

ですから、**とりあえず前向きに何でもやってみる。それが成功脳を手繰り寄せる方法でもあります。**

もし、その線だけを見ていれば、絵の全体像は見えてきません。

それを勉強や仕事に置き換えてみて、今やっていることがたとえ小さなことでも、いずれ大きな成功を勝ち取る布石となるという気持ちで取り組んでみるとよいのではないでしょうか。

長期的な目標を立てて堅実に進めるのが苦手な人に、堅実に根気よく取り組めるようになるための秘訣として提案したいのが、**「人生を歴史として見る」**というものです。

歴史、すなわちヒストリーというのは科学用語でもあります。

どう生きるとそれが最終的には幸せで、成功につながるのかという物の見方を、**「ライフヒストリー理論」**と呼んでいます。

ライフヒストリー理論では、例えば蝶々は最終的には空を自由に舞って、自分の相手を見つけることが目標だとしても、途中では芋虫になり葉っぱを食べて成長しなくてはいけません。

そこで、葉っぱを食べている芋虫だけを見れば、それほど空間移動の能力もなく、退屈な人生かもしれません。

ですが、「いつか空を自由に舞って、自分の相手を見つける」という目標を立てて、その準備をすることであると考えれば、芋虫でいる時間も決してムダではないということになります。

そのような生きる意味を見出すことが、ライフヒストリー理論においては可能になります。

ですから、学生にしてもビジネスパーソンにしても、ちゃんと5年後、10年後をしっかりと見据えて、「今やっていることが、どう将来につながっていくのか」という視点で物事を考えてみるのです。

これが意外と脳にとっては難しいことではあるのですが、それができている人が成功脳の持ち主だということです。

そこで、**たとえ間違ったとしても仮説を立ててみることをお勧めします。**なぜなら、人間の場合は蝶々の人生に比べると、あまりにも複雑だからです。

例えば、「今の下積み経験が、将来ブレイクしたときにどう生きてくるか」という仮説が、きっと心の支えになるはずです。

極論をいってしまえば、人生における成功も失敗も、すべては仮説で成り立っているといえます。

なぜなら、どうすれば成功できるのか、失敗してしまうのかということは、もはや誰にも答えがわからないからです。

「ＩＴビジネスで社長になって大金持ちになる」
「宝くじを当てて大金持ちになる」

このどちらが成功かと問われても、誰にもわかりません。

ある研究によれば、仮に宝くじに当たっても幸福にはならず、むしろ不幸になるケースが多いという結果さえ出ています。

ですから、宝くじに当たるというのが成功だというのは、一つの仮説に過ぎないということです。

そう考えれば、社長になって大金持ちになると成功だというのも一つの仮説にすぎないということです。

だからこそ、**先を見通していろいろな仮説を立てて、自分にとって何が成功なのか、何が失敗なのかということを考えていくことが重要になってくるのです。**

おわりに　ビジネスに関係のないことにはルールを定めよう！

最後までお読みいただき、ありがとうございました。

ここまで「成功脳」と「失敗脳」について解説してきましたが、最後にとっておきの「成功脳」を手に入れる秘訣をご紹介したいと思います。

私たちの生活の中には、さまざまな選択肢があります。

何を着るか、何を食べるか、何を買うかなどといった選択肢が常にあり過ぎることで、実は私たちの脳はものすごい労力を使ってしまっているのをご存じでしたでしょうか。

そのような**「何かを選択する」というときに使う脳の容量というのは、実は限られているる**ということが研究でも明らかになっています。

つまり、**私たちが何かを選択するたびに、脳は活動容量を減らしているというのです。**

このような脳活動に常に支配されている人というのは、ビジネスで大きな決定を下さなくてはならないときや、人生の大きな結果につながるような決定をしなければならないときに、脳のエネルギーを使うことができないというわけです。

では、成功脳を持っている人は、日常における選択において、どのようにムダな「脳力」を使わずにいるのか。

実は、**自分のビジネスに関係のないことにはルールを定めている**のです。

例えば、成功脳を持っていた代表格でもあるスティーブ・ジョブズ。

ジョブズといえば、黒のタートルネックにジーンズ、足下はスニーカーというスタイルを貫いていました。約10年間ほぼ毎日それを着用し、自分のスタイルを確立していたのです。

このような脳の使い方こそ、やらなくてもよいこと、やりたくないことを排除するということに他なりません。

確かに、ファッショナブルに仕事をするということは、ビジネスにとっては重要なことかもしれません。

しかし、それを自動化することができれば、もっと重要な局面で脳をフル活用することができるのです。
私は、それをジョブズが教えてくれているような気がしています。
自分があまり重要視していないことの意思決定において脳を消耗させずに、自分の好きなことに全力で取り組むためにも、自分のビジネスに関係ないことにはルールを定めてみてはいかがでしょうか。

最後になりますが、本書がこうして出来上がるまで出版プロデューサーの神原博之さん、総合法令出版の関俊介さんには本当にお世話になりました。心からお礼を申し上げます。

茂木健一郎

茂木《もぎ》 健一郎《けんいちろう》

1962年東京生まれ。

東京大学理学部、法学部卒業後、東京大学大学院理学系研究科物理学専攻課程修了。

理学博士。脳科学者。

理化学研究所、ケンブリッジ大学を経て現職はソニーコンピュータサイエンス研究所シニアリサーチャー。

専門は脳科学、認知科学であり、「クオリア」(感覚の持つ質感)をキーワードとして脳と心の関係を研究するとともに、文芸評論、美術評論にも取り組んでいる。

2005年、『脳と仮想』(新潮社)で第四回小林秀雄賞を受賞。

2009年、『今、ここからすべての場所へ』(筑摩書房)で第12回桑原武夫学芸賞を受賞。

主な著書に『脳とクオリア』(日経サイエンス社)、『ひらめき脳』(新潮社)、『脳を活かす勉強法』(PHP研究所)、『挑戦する脳』(集英社新書)、『結果を出せる人になる!「すぐやる脳」のつくり方』(学研プラス)、『金持ち脳と貧乏脳』『男脳と女脳』(総合法令出版)などがある。

成功脳と失敗脳

2015年12月7日初版発行

著　者　茂木 健一郎

発行者　野村 直克

発行所　総合法令出版株式会社
〒103-0001
東京都中央区日本橋小伝馬町15-18
ユニゾ小伝馬町ビル9階
電話　03-5623-5121

印刷・製本　中央精版印刷株式会社

 ISBN978-4-86280-478-5
落丁・乱丁本はお取替えいたします。
総合法令出版ホームページ　http://www.horei.com/